아하! 바이올 큐브

시즌 4

아하! 바이블 큐브를 소개합니다

그리스도인은 기독교 신앙의 근본이 되는 내용, 곧 창조주 하나님, 구원자 되신 예수 그리스도, 보혜사 성령에 대한 확신의 근거를 성경에서 찾습니다. 그래서 기독교를 '책의 종교'라 부르고, 그리스도인을 '성서를 사랑하는 사람'이라 칭합니다.

그리스도인인 우리는 성경을 읽음으로써 기독교 신앙의 정수를 맛볼 뿐 아니라 성경을 통해 세상을 바로 보는 능력을 키웁니다. 그래서 어린 시절부터 성경을 읽는 것이 매우 중요합니다. 이와 더불어 '언제 어떻게 어떤 관점으로 성경을 읽느냐' 하는 점도 중요합니다. 성경은 우리와 전혀 다른 시대·문화적 배경에서 기록되었기 때문입니다.

지금까지 어린이 교회학교 교재들은 다양한 성경 읽기 방식을 사용해 왔습니다. 구약과 신약을 구분해 읽거나 시대순으로 또는 주요 인물들의 생애와 사건 등을 중심으로 성경 공부를 해 왔습니다. 새 교재 **『아하! 바이블 큐브』**는 이러한 기존 방식을따르지 않고 성경을 입체적으로 읽도록 기획했습니다. 학기마다 하나의 주제를 선택, 그 주제와 관련한 다채로운 관점에서 성경을 배우고자 했습니다. 어린이의 신앙 발달 단계와 삶의 관심사를 고려해 주제를 선별했고, 그 주제에 관한 '입체적 성경 읽기'를 시도했습니다. 어린이들에게 익숙한 장난감 중에 '큐브'가 있습니다. 작은 조각들을 돌려가며 각 면의 색을 맞추는 큐브처럼, 우리 어린이들이 성경 말씀을 요리조리 궁리하며 흥미롭게 배운다면 어떨까 상상해 보았습니다. 한 면을 맞추고 다음 면에 도전하는 큐브의 즐거움처럼, 한 주제씩 성경을 배우다가 문득 "아하!" 하며 하나님의 뜻을 깨닫게 된다면 얼마나 기쁠까요?

큐브를 손에 쥐고 놀다 보면 어느새 공식이 깨달아져 척척 맞추게 되듯 우리 어린이들이 이 교재로 배우면서 하나님의 뜻을 알아가고 하나님의 자녀로 살아가기를, 더불어 성경이 어렵고 지루한 책이 아니라 가까이하고 싶은 재미난 책이 되길 바라는 마음을 담아 **『아하! 바이블 큐브』**라는 이름을 붙였습니다.

『아하! 바이블 큐브』는 6개월 단위의 시즌제로 기획했습니다. 3년 동안 6번의 시즌을 경험하면서 각 주제와 관련한 성경 이야기를 만납니다. 시즌별 주제와 각 단원을 구성할 때 그간 교회학교 교재에서 많이 다루지 않았던 사건과 인물 특히 여성, 어린이, 장애인, 외국인 같은 소수자들의 이야기를 담기 위해 노력했습니다. 이를 통해 어린이들은 역사적 성경 읽기나 인물별 성경 읽기에서 맛보지 못했던 다른 차원의 흥미와 재미, 새로움을 발견할 것입니다. 예배 설교와 각 활동도 어린이들의 일상과 구체적으로 연결되도록 모색했습니다.

지금 우리 아이들은 성경 속 인물들이 살았던 시대와 전혀 다른 문화, 다른 상황에서 살고 있습니다. 그러나 **『아하! 바이블 큐브』**와 함께 6번의 시즌을 보내며 하나님의 말씀을 생생하게 접하면, 어느 순간 우리 아이들은 성경 속 인물들과 사건이 자신의 일상과 교차되면서 겹치는 놀라운 경험을 할 것입니다. '하나님이 지금 나에게 이야기하고 계신 건가?' 하는 생각과 함께 왜 이런 이야기를 들려주시는지 사뭇 궁금해질 것입니다.

어린이의 눈높이와 수준에 맞춰 성경 말씀을 전달하고 스스로 성경책을 찾아 읽도록 역량을 키워 주는 것, 이런 살아 있는 배움을 통해 우리 아이들이 하나님의 말씀과 뜻을 머리가 아닌 삶과 경험 속에서 깨달아 가기를 소망합니다.

교육 이념

● 주제 성구

"예수는 지혜와 키가 자라가며 하나님과 사람에게 더욱 사랑스러워 가시더라."

(누가복음 2:52)

● 지향점 : 세상에서 그리스도의 선한 제자 되기

성경 말씀이 오늘의 우리에게 전하는 하나님의 뜻과 가르침을 배움으로써, 하나님 앞과 세상 속에서 믿음과 삶이 일치하는 예수님의 제자로 산다.

교육 목표

- 성경 이야기를 어린이의 일상과 교차해 읽음으로써, 오늘 우리에게 말씀하시며 우리 삶에 참여하고 계신 하나님을 만난다.
- 어린이가 스스로 말씀 뜻을 찾아가도록 믿음의 역량을 키운다.

교육 구조 - CUBE

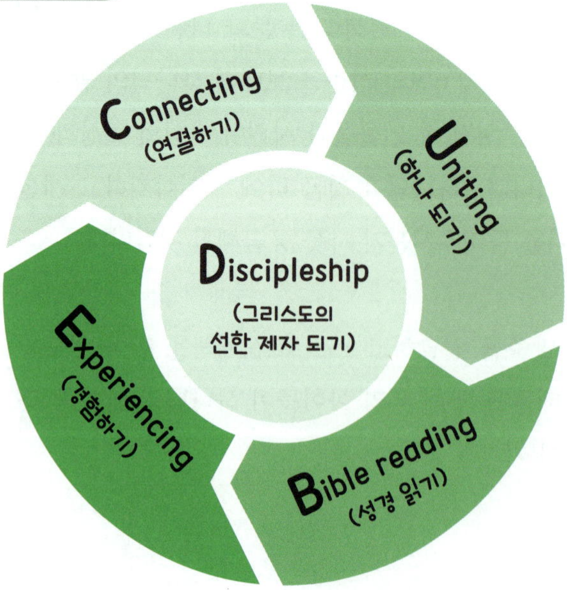

Connecting (연결하기)
: 말씀과 놀이 연결하기

Uniting (하나 되기)
: 예배로 하나 되기

Bible reading (성경 읽기)
: 설교를 들으며 성경 읽기

Experiencing (경험하기)
: 활동하며 성경 내용 경험하기

시즌	주제	내용
시즌 1 〈빨강〉	경쟁과 갈등	'경쟁과 갈등'은 지금까지 경험한 세상과 다른 세상을 만나게 함으로써 아이들을 자라게 하고 하나님의 뜻을 발견하게 합니다. 경쟁과 갈등의 상황을 경험한 성경 인물들을 찾아내어, 그들이 어려운 상황을 어떻게 극복하고 어긋난 관계를 어떤 지혜로운 방법으로 회복했는지 살펴봅니다.
시즌 2 〈초록〉	하나님의 정원	'하나님의 정원'은 하나님과 함께 아름답게 가꿔 가야 하는 세상을 의미합니다. 시즌2에서는 단원의 상징으로 삼은 나무들과 관련한 성경 이야기를 배웁니다. 다양한 나무들이 어우러져 아름다운 정원을 이루듯, 하나님의 정원에 부름 받은 아이들이 하나님 나라를 일구는 꿈나무로 자라길 기대합니다.
시즌 3 〈주황〉	짝꿍	짝을 이루는 성경 이야기들은 흥미로울 뿐 아니라 더 오래 기억할 수 있습니다. 그렇게 기억된 말씀들은 일상에서 하나님의 뜻을 떠올리게 합니다. 시즌3에서는 성경에서 짝을 이룬 사람, 사건, 물건들을 살펴보면서 성경을 새롭고 흥미롭게 배웁니다.
시즌 4 〈파랑〉	약속	성경에 나타난 다양한 약속들, 즉 개인 간에, 공동체에서, 때로는 하나님과 맺은 약속들을 찾아보면서 그 의미와 교훈들을 되새겨 보려 합니다. 약속에 담긴 하나님의 뜻을 배움으로써 하나님과의 약속을 단단히 지켜가는 아이들로 성장할 것입니다.
시즌 5 〈노랑〉	여행	성경에는 하나님의 명령으로 삶의 자리를 떠난 이들이 많습니다. 하나님이 인도하시는 새로운 여정을 통해 그들의 삶이 어떻게 변했는지를 배웁니다. 성경이 들려주는 여행 이야기는 세상 기준과 다른 믿음의 여행을 잘하도록 안내해 줄 것입니다.
시즌 6 〈연보라〉	선물	시즌6에서는 3년 동안의 과정을 마무리하며 하나님이 우리에게 주신 선물에 대해 배웁니다. 하나님께서 우리에게 넘치도록 풍성한 선물을 주시는 까닭은 필요한 이들과 함께 나누어 사용하라는 의미입니다. 우리가 받은 하나님의 선물을 잘 사용하고 넉넉히 베풂으로써 그리스도의 제자로 자라기를 소망합니다.

아하! 바이블 큐브 이렇게 사용합니다

『아하! 바이블 큐브』(총 3년 과정, 6개 시즌)

: 36개의 단원과 12개의 절기 및 기념주일

- 1시즌 (6개월 과정) : 6개의 단원과 2개의 절기 또는 기념주일
- 각 단원 (1개월 과정) : 한 주에 1과씩 총 4과 진행

『아하! 바이블 큐브』는 총 6개 시즌으로 구성했으며, 시즌마다 한 주제를 중심으로 6개의 이야기가 달마다 하나씩 펼쳐집니다. 그리고 하나의 이야기는 4개의 과로 이루어 진행됩니다. 각 시즌은 서로 다른 주제를 다루지만, 두 개의 시즌(1~2 / 3~4 / 5~6)씩 유기적으로 연결돼 있습니다. 연결된 두 시즌(1년 과정)을 학습하는 동안 교회력과 계절에 따른 주제들을 적절히 배치했고, 시즌마다 별도의 절기 및 기념주일 교육과정을 제공하여 신앙 교육의 균형을 잃지 않도록 했습니다.

- 유치부 교재 구성 (5~7세) : 『어린이용 교재』/『교사용 교재』/『설교 자료집』
- 초등부 교재 구성 (8~13세) : 『어린이용 교재』/『교사용 교재』/『설교 자료집』
- 공통 교육 자료

1) 찬양 음원 : 시즌 주제곡·예배·절기 찬양(시즌마다 3곡-설교 자료집에 악보 수록), 요절송(단원마다 1곡-교사용과 설교 자료집에 악보 수록)

2) 영상 자료 : 설교 영상(유치부 / 초등부)과 퀴즈 영상(초등부)

3) 설교 PPT(부서별 26과)

교육국

1) 찬양 음원과 2) 영상 자료는 교육국 유튜브 채널에서 확인하고,
3) 설교 PPT는 도서출판kmc 다운로드 센터(https://kmcpress.kr)
에서 내려받아 사용합니다.

도서출판kmc

유치부 예배와 교재 활동

유치부 교재 활동은 5~10명의 어린이가 20분 동안 할 수 있도록 구성했습니다.
개체 교회 상황에 따라 활동 1과 2 가운데 하나를 선택해 진행합니다.

활동 구분	내용
요절송	단원의 주제 성구를 노래로 배웁니다.
설교	『설교 자료집』에 수록된 설교문과 설교 PPT를 통해 말씀을 배웁니다.
설교 영상	**설교를 영상으로 보기** : 교사 인력이 부족한 교회에서 영상으로 설교를 대신하거나 예배에 참석하지 못한 어린이들에게 영상을 전달해 말씀 교육에 빈틈이 없도록 합니다.
교재 활동 1	지면 활동
교재 활동 2	신체 놀이 등 체험 활동

차례

절기

세계성찬주일 누구든지 함께해요 14

추수감사주일 하나님이 돌보셨어요 17

1 지키라

1과 일곱 빛깔 무지개 약속 22

2과 열 가지 약속 25

3과 마음이 중요해요 28

4과 예수님과의 마지막 약속 31

2 구하라

1과 하나님께 기도해요 36

2과 언제나 기도해요 39

3과 나의 기도를 통해 42

4과 예수님처럼 사랑할래요 45

3 찬양하라

1과 그분의 이름은? 50

2과 괜찮아요! 53

3과 마음의 준비 56

4과 언제나 찬양해요 59

CONTENTS

4 모이라

1과	또, 또 들려주세요!	64
2과	예수님의 이름으로 모여라!	67
3과	매일매일 모이자!	70
4과	어디서든 모이자!	73

5 행하라

1과	쏙쏙 돋보기로 뭐가 보일까?	78
2과	예수님처럼 해 봐요, 요렇게!	81
3과	내가 도와줄게!	84
4과	Jesus Power	87

6 준비하라

1과	온 백성이 기다렸어요	92
2과	마리아가 기다렸어요	95
3과	요셉이 기다렸어요	98
4과	시므온이 기다렸어요	101

시즌 4

약속

『아하 바이블 큐브』 시즌 4의 주제는 '약속'입니다

약속은 '맺을 약(約)'과 '묶을 속(束)'으로 된 한자어입니다. 여기서 約(약)은 '가는 실 사(糸)'와 '구기 작(勺)'이 결합한 글자로, '묶다', '약속하다', '맺다'라는 뜻이 있습니다. 마치 실타래를 묶어 놓은 모습과 비슷한 糸(사)를 응용해서 '묶다'라는 뜻을 표현한 것입니다. 束(속)은 나뭇단을 묶은 모습에서 유래한 상형문자로, 그 의미는 '묶다', '동여매다', '결박하다'입니다. 두 글자 모두 사람 사이에 서로 언약하여 정한 것을 실타래처럼 또는 나뭇단처럼 단단히 맺고 묶어서 잘 지켜야 한다는 의미를 담고 있습니다.

약속은 대부분 사람 사이에서 이루어지지만, 꼭 그런 것은 아닙니다. 타인이 아닌 자기 자신과 약속하기도 하고, 신앙인인 우리는 하나님과, 예수님과 약속을 맺기도 합니다. 이번 시즌에는 성경에 등장하는 다양한 약속을 찾아보면서 그 의미와 교훈을 되새겨 보려 합니다. 그래서 각 단원의 제목을 '지키라', '구하라', '찬양하라', '모이라', '행하라', '준비하라'처럼 명령형으로 정했습니다. 하나님, 예수님과의 약속은 그분의 명령을 잘 지키는 것과 연관되어 있기 때문입니다.

1단원 '지키라'에서는 성경에 나타난 가장 대표적인 약속과 계명을 살펴봄으로써, 우리가 신앙인으로서 지키고 따라야 할 것이 무엇인지를 배웁니다. 2단원 '구하라'에서는 성경 인물들이 하나님께 무엇을 구했는지 확인하면서, 나는 무엇을 구하고 싶은지 또는 무엇을 어떻게 구해야 하는지를 배웁니다. 3단원은 '찬양하라'입니다. 숨이 다하는 순간까지 언제 어디서나 하나님을 찬양하고 노래해야 함을 배웁니다. 4단원은 '모이라'입니다. 우리가 왜 모여야 하는지, 언제 모여야 하는지, 무엇을 위해 모이는지, 누구와 함께 모일 것인지 등을 배우고 익힐 수 있습니다. 5단원에서는 '행하라'라는 주제로 성경을 탐구합니다. 행함이 없는 믿음은 죽은 믿음이듯이, 이 모든 약속을 잘 안다 해도 지키지 않으면, 즉 행동으로 옮기지 않으면 아무것도 아니기 때문입니다. 마지막 6단원의 주제는 '준비하라'입니다. 대림절을 맞아 아기 예수님의 탄생을 기다리면서 우리는 무엇을 준비해야 할까요? 예수님의 탄생을 예고한 선지자와 천사들, 그 말씀을 듣고 기쁜 마음으로 기다리며 준비한 인물들의 이야기를 통해 오늘 우리는 예수님을 만나기 위해 무엇을 어떻게 준비해야 할지 함께 나눕니다.

이번 시즌은 총 6개의 단원으로 구성되었으며, 각각의 제목과 주제는 아래와 같습니다.

단원	제목	주제
1단원	지키라	하나님, 예수님과 맺은 약속은 꼭 지키자.
2단원	구하라	하나님께 바른 것을 구하면 반드시 주신다.
3단원	찬양하라	언제 어디서나 하나님을 찬양하자.
4단원	모이라	하나님의 말씀을 듣기 위해 모이자.
5단원	행하라	예수님을 따라 행동하는 예수님의 친구가 되자.
6단원	준비하라	예수님의 탄생을 기다리며 준비하자.

누구든지 함께해요

배울 말씀 요한복음 6:5~13

새길 말씀 예수께서 떡을 가져 축사하신 후에 앉아 있는 자들에게 나눠 주시고 물고기도 그렇게 그들의 원대로 주시니라 (요 6:11)

활동 1 말씀 아가모그래프

활동 내용	만들기	시간	20분	인원	
준비물	교사용 교재, 어린이용 교재(스티커), 색 펜, 풀, 양면테이프, 꾸미기 스티커				
목표	오병이어 이야기와 성찬의 의미를 기억하게 한다.				
사전 준비와 TIP	① 액자틀 표시된 곳에 맞춰 양면테이프를 넓게 붙여 놓는다. ② 꾸미기 스티커를 별도로 구매해 액자를 꾸미거나 색 펜 등을 활용해 꾸밀 수 있다. ③ 미리 만든 완성품을 보여 주어 이해를 돕는다.				

활동 2 사랑 나눔 꼬마김밥

활동 내용	만들기	시간	20분	인원	
준비물	교사용 교재, 김밥용 김, 클레이(노랑, 빨강, 초록, 하양, 주황, 검정), 일회용 칼, 접시				
목표	사랑을 나누신 예수님을 기억하며 김밥을 만들어 함께 나누게 한다.				
사전 준비와 TIP	① 김밥용 김은 ¼장 크기로 잘라둔다. ② 김 대신 넓게 펼친 검은색 클레이를 사용해도 된다. 인원수만큼 준비한다. ③ 요리 활동으로 대체할 수도 있다. 김밥의 기본 재료인 단무지, 햄, 시금치, 달걀, 참치마요, 밥 등을 준비한다. ④ 신체 놀이로 진행할 수도 있다. 어린이가 원하는 재료 그림을 가슴에 안고 있으면 교사가 이불로 어린이를 감싼다. 놀이를 통한 자연스러운 스킨십으로 유대감을 높인다. ⑤ 클레이를 색깔별로 소분해 제공해도 좋다.				

함께 기도해요

하나님, 우리에게 예수님을 보내 주시고 그 사랑을 알게 해 주셔서 감사해요. 예수님처럼 아낌없이 나눠 주고 사랑하며 살고 싶어요. 예수님 말씀에 더 귀 기울이고, 기억하고, 기도하는 우리가 되게 해 주세요. 예수님의 이름으로 기도합니다. 아멘.

활동 1 말씀 아가모그래프

오늘 말씀에는 다른 사람들과 늘 함께하며 아낌없이 나눠 준 사람이 나와요. 누군지 기억나나요? 맞아요. 바로 예수님이에요. 예수님은 보리떡 다섯 개와 물고기 두 마리로 많은 사람을 배불리 먹이셨어요. 그리고 떡과 포도주를 제자들과 함께 나누며 사랑을 보여 주셨어요. 이런 예수님의 모습을 멋진 액자로 만들면서 오래도록 기억해요.

활동 방법

1. **교사가 미리 만든 아가모그래프를 보여 주며, 그림이 각도에 따라 다르게 보이는 것을 설명한다.**
   선생님이 만들어 온 그림을 보세요. 보는 방향에 따라 다른 그림이 보이는 신기한 그림이랍니다. 이쪽으로 보면, 예수님이 많은 사람을 배불리 먹이신 이야기에 나오는 보리떡 다섯 개와 물고기 두 마리가 보이고, (방향을 바꾸면서) 이렇게 방향을 바꾸면, '사랑'이라는 글자가 보여요. 이처럼 보는 방향에 따라 각각 다른 그림을 '아가모그래프'라고 해요.

2. **어린이용 교재 그림을 색 펜으로 칠한다.**
   교재에 있는 그림을 멋지게 색칠해서 우리도 말씀 아가모그래프를 만들어 봐요.

3. **색칠한 그림을 접는 선대로 앞뒤로 번갈아 접어 계단 모양이 되게 한다.**
   색칠이 끝난 그림을 앞뒤로 번갈아 접어 계단처럼 만들어 주세요.

4. **액자틀 양면테이프 부분에 계단 모양으로 접힌 그림을 살짝 붙이고, 양 끝 풀칠면도 풀칠해 단단하게 붙인다.**
   계단 모양으로 접힌 그림을 선생님을 따라서 액자 틀에 맞춰 붙여 주세요.

5. **액자 틀에 성찬 스티커와 예수님 스티커를 붙이고, 꾸미기 스티커로 꾸며 준다.**
   보리떡과 물고기로 많은 사람을 먹이신 예수님은 자기 생명까지 우리에게 아낌없이 나누어 주심으로 특별한 사랑을 보여 주셨어요. (예수님 스티커를 들고) 우리를 사랑하신 예수님을 액자에 붙여 주세요. (성찬 스티커를 들고) 예수님은 떡과 포도주를 제자들과 함께 나누며 사랑을 알려 주셨어요. 떡과 포도주 스티커도 액자에 붙이고, 나머지 부분도 예쁘게 꾸며 주세요.

   보리떡 다섯 개와 물고기 두 마리를 많은 사람에게 나누어 주셨던 것처럼, 예수님은 제자들과 식탁에 둘러앉아 함께 음식을 나누시면서 자신을 기억하라고 하셨어요. 우리도 예수님의 사랑을 기억해요. 그리고 그 크신 사랑의 따뜻함을 풍성히 느끼길 바라요.

6. **기도로 마무리한다.**

활동 2 사랑 나눔 꼬마김밥

예수님은 보리떡 다섯 개와 물고기 두 마리를 많은 사람들과 나누며 사랑을 보여 주셨어요. 그리고 제자들과 함께 나눈 떡과 포도주를 통해 십자가에서 생명을 나눠 주신 일을 기억하게 하셨어요. 예수님의 이 사랑을 생각하며 우리도 서로 사랑을 나눠 봐요.

활동 방법

1. **교사용 교재의 김밥 재료들 그림을 뜯어내 보여 준다.**
   여기 맛있는 김밥을 만들 재료들이 있어요. 무엇이 필요한지 볼까요? 단무지, 햄, 시금치, 달걀, 참치마요, 밥이 필요하네요. 오늘은 특별히 예수님께서 보여 주신 나눔의 모습을 기억하면서 사랑 나눔 꼬마김밥을 만들어요.

2. **김밥을 만들어 누구와 나누고 싶은지 이야기하고, 전하고 싶은 마음을 담은 재료를 고른다.**
   김밥을 만들어 누구와 나눠 먹고 싶어요? 그 사람에게 어떤 마음을 전하고 싶나요? 오늘 만들 사랑 나눔 꼬마김밥의 재료들은 특별해요. (그림을 하나씩 들며) 새콤달콤 마음을 전하는 단무지, 사랑 햄, 힘이 불끈 시금치, 행복한 마음 달걀, 싸우지 마요 참치마요, 든든해 밥. 재료들을 천천히 살펴보면서 전하고 싶은 마음이 담긴 재료를 골라 보세요.

3. **각자 고른 재료를 클레이로 만든다. 일회용 접시와 클레이를 나누어 주고, 만드는 방법을 알려 준다. 김밥 속에 들어가야 하니 접시 지름보다 짧게 만든다.**
   이제 김밥에 넣고 싶은 재료들을 클레이로 만들어 볼 거예요. 원하는 재료와 같은 색 클레이를 골라서 두 손바닥으로 비비며 길게 늘여 보세요. 접시보다 조금 작게 만들어야 해요.

4. **잘라둔 김을 한 장씩 나눠 준다. 만든 후 일회용 칼로 직접 자르게 한다.**
   김을 한 장씩 나눠 줄게요. 각자 만든 재료들을 김 위에 모두 올려놓고 돌돌 말아서 김밥을 만들어 보세요. (활동 후) 드디어 여러분만의 사랑 나눔 꼬마김밥이 완성되었어요. 이제 먹기 좋은 크기로 잘라야겠죠? 일회용 칼로 조심스럽게 잘라 보세요.

5. **완성한 김밥을 옆 친구에게 나누어 주며 "예수님의 사랑으로 사랑해."라고 말한다.**
   우리도 예수님처럼 사랑을 나누어 볼까요? 옆 친구에게 내가 만든 김밥을 나누어 주며 "예수님의 사랑으로 ○○(이)를 사랑해."라고 말해 보세요.

   집에 돌아가서 가족들과도 사랑 나눔 꼬마김밥을 만들어 보면 어떨까요? 사랑의 말을 나누며 함께 먹는 김밥은 정말 맛있을 거예요. 많은 사람과 음식을 함께 먹으면서 사랑을 나누어 주신 예수님을 생각하며, 여러분도 주변의 이웃과 마음을 나누길 바라요.

6. **기도로 마무리한다.**

하나님이 돌보셨어요

배울 말씀 신명기 16장 13~17절

새길 말씀 네 하나님 여호와께서 택하신 곳에서 여호와를 뵈옵되 빈손으로 여호와를 뵈옵지 말고 각 사람이 네 하나님 여호와께서 주신 복을 따라 그 힘대로 드릴지니라 (신 16:16하반절~17)

활동 1 길게 더 길게

활동 내용	신체 활동	시간	20분	인원	10명
준비물	스톱워치				
목표	하나님이 생명을 돌보고 자라게 하심을 알게 한다.				
사전 준비와 TIP					

활동 2 무럭무럭 과일나무

활동 내용	만들기	시간	20분	인원	
준비물	어린이용 교재(스티커), 종이 포일, 빵 칼, 숟가락, 투명 컵(410ml), 돔형 투명 뚜껑, 손잡이 대나무 꼬치(15cm, 1인당 3개), 초코 시리얼, 요거트, 각종 과일				
목표	하나님이 1년 동안 우리를 잘 자라도록 돌보셨음을 알고 기억하게 한다.				
사전 준비와 TIP	① 어린이들이 앉는 자리마다 종이 포일을 깔아 놓는다. ② 과일을 깨끗이 씻어 놓는다. ③ 완성품을 집으로 가져갈 경우, 돔형 투명 뚜껑을 하나씩 덮어 준다.				

함께 기도해요

하나님, 모든 것이 하나님 덕분이에요. 나무들이 자라게 하시고 맛있는 열매들이 맺을 수 있게 해 주셔서 감사해요. 우리를 돌보아 주셔서 키도, 아는 것도, 믿음도 쑥쑥 자라게 해 주셔서 감사해요. 예수님의 이름으로 기도합니다. 아멘.

활동 1 길게 더 길게

하나님이 매일 따사로운 햇살과 촉촉한 이슬을 내려 주신 덕분에 나무들이 무럭무럭 자랄 수 있었어요. 이 시간에는 우리가 나무가 되어 볼 거예요. 어느 나무가 하나님이 주신 이슬과 햇살을 잘 먹고 잘 자라는지 확인해 봐요.

활동 방법

1. **전체 인원을 두 팀으로 나눈다.**
   포도나무 팀과 올리브나무 팀으로 나눌 거예요. 먼저 키 순서대로 줄을 서 보세요. 맨 앞에 선 어린이는 포도나무 팀, 그다음 어린이는 올리브나무 팀, 이렇게 번갈아 가며 순서대로 팀이 되어요.
2. **팀별로 한 사람씩 바닥에 누우면서 한 줄로 길게 연결한다.**
   여러분은 이제 나무예요. 어느 팀 나무가 더 크게 자랄까요? 첫 번째 어린이가 바닥에 누운 채 팔을 머리 위로 쭉 뻗어 몸을 최대한 길게 만드세요. 두 번째 어린이가 그 사람과 연결되게 누워요. 이렇게 계속 이어서 한 줄로 최대한 길게 만드세요. 그러다가 벽에 닿으면 첫 번째 사람 옆에 누워서 또 다른 줄기처럼 두 줄이 되게 하세요. 어느 팀이 더 큰 나무를 만들까요? 시간은 3분입니다. 준비, 시작! (3분 후) ○○팀이 더 큰 나무를 만들었네요. 축하해요!
3. **팀별로 소지품을 늘어놓아 최대한 길게 연결한다.**
   이번에는 팀별로 가지고 있는 물건을 한 줄로 길게 늘어놓아요. 단, 지금 몸에 지닌 물건만 가능해요. 옷걸이에 걸어두었거나 가방에 넣어둔 물건은 안 돼요. 입고 있는 겉옷, 신고 있는 양말, 주머니에 있는 물건도 다 꺼내서 바닥에 놓아요. 이번에는 어느 팀이 더 큰 나무를 만들까요? 지금부터 3분입니다. 준비, 시작! (3분 후) ○○팀 나무가 더 크네요. 축하해요!
4. **모두를 격려한다.**
   나무가 무럭무럭 자란 것처럼, 어린이 여러분도 하나님이 주신 사랑과 은혜로 무럭무럭 자랐어요. 더 큰 나무를 만든 팀뿐만 아니라, 우리 모두 분명히 1년 전보다 훨씬 컸어요. 키도 자라게 해 주시고, 아는 것도 많이, 믿음도 더 크고 단단하게 해 주신 하나님께 감사하는 어린이가 돼요.
5. **기도로 마무리한다.**

활동 2 무럭무럭 과일나무

하나님께서 돌보아 주셔서 나무들이 저마다 탐스러운 열매들을 주렁주렁 맺었어요. 이렇게 아름답게 자라게 하신 하나님께 감사하며, 무럭무럭 자라난 과일나무를 만들어요.

활동 방법

1. **과일을 손질한다.**
   맛있는 과일들이 풍성하게 준비되어 있어요. 바나나처럼 큰 과일을 빵 칼로 한입에 쏙 들어가게 잘라 주세요. 바나나 한 개를 다섯 조각 정도로 자르면 됩니다.

2. **손잡이 대나무 꼬치에 과일을 끼우고, 투명 컵에 넣는다.**
   이제 땅에 과일나무를 심을 거예요. 먼저 손잡이 대나무 꼬치에 한입 크기로 자른 과일을 끼워요. 뾰족한 꼬치에 손을 찔리지 않게 조심하면서 과일꼬치 세 개를 만들어요. 그리고 완성한 꼬치를 손잡이가 하늘을 향하도록 해서 투명 컵에 담아요.

3. **투명 컵에 나머지 과일과 초코 시리얼, 요거트를 담고, 그 위에 초코 시리얼을 뿌린다.**
   투명 컵의 절반 정도까지 과일과 초코 시리얼을 넣은 다음 요거트를 부어요. 그리고 제일 위에 초코 시리얼을 뿌려서 모든 재료를 덮어요. 옆에서 보세요. 꼭 흙으로 덮인 땅 같죠?

4. **손잡이 대나무 꼬치에 스티커를 붙인다.**
   마지막으로 바깥으로 튀어나온 손잡이 부분에 스티커를 붙여서 완성해요.

   탐스러운 과일나무가 완성되었어요. 과일이 주렁주렁 맺을 수 있도록 하나님이 돌보아 주셨어요. 하나님은 어린이 여러분도 무럭무럭 잘 자라도록 해 주신답니다. 함께 만든 과일나무를 보면서, 생명을 돌보시는 하나님을 기억하고 감사하는 어린이가 되길 바라요.

5. **기도로 마무리한다.**

지키라

신명기 5장 1절

작곡 : 이화익
편곡 : 이화익

하나님, 예수님과 맺은 약속은 꼭 지키자

1단원에서는 성경에 등장하는 다양한 언약에 대해 알아보고, 하나님께서 왜 그것을 지키라고 하셨는지 생각해 봅니다. 하나님과의 언약 또는 약속을 생각하면, 아마 대부분은 인간이 하나님과 처음으로 맺은 무지개 약속을 가장 먼저 떠올릴 것입니다. 또 누군가는 십계명을 생각할 것입니다. 이 두 가지가 구약의 대표적인 약속이라면, 신약에서는 예수님이 공생애 중에 가르쳐 주신 것도 있고, 부활하신 후에 명령하신 것도 있습니다. 이 단원에서는 하나님과 맺은 언약과 예수님이 주신 계명을 살펴보면서 그것을 왜 지켜야 하는지를 배웁니다.

1과는 하나님께서 홍수로 세상을 심판하신 후에 노아 가족과 맺은 언약, 소위 '무지개 언약'에 관해 알아봅니다. 그동안 우리는 이 언약이 노아 가족과 그 자손들, 즉 인간이 하나님과 맺은 언약이라는 부분만을 다루었습니다. 그러나 성경을 읽어 보면, 하나님께서는 이 언약을 인간뿐 아니라 새와 집짐승(가축), 심지어 야생동물과도 맺으셨습니다. 오늘날과 같은 기후위기 시대, 인간의 탐욕과 무분별한 개발로 생태계가 파괴되고 있는 이때, 하나님께서 살아 있는 모든 것과 언약을 맺으시고, 그 증거로 모든 생명이 볼 수 있도록 하늘의 구름 사이에 무지개를 걸어 두셨다는 사실은, 하나님이 인간의 하나님일 뿐 아니라 모든 피조물의 하나님이심을 드러내는 것입니다.

2과에서는 하나님께서 출애굽 후 광야에서 생활하던 이스라엘 백성에게 모세를 통해 주신 십계명을 배웁니다. 십계명은 신앙인이라면 누구나 익숙하고 잘 아는 계명입니다. 반면 지키기는 참으로 어렵습니다. 이 과를 통해 십계명의 의미와 그것을 왜 지켜야 하는지를 다시 한번 되새길 수 있습니다.

3과와 4과는 예수님이 말씀하신 명령을 다룹니다. 3과의 내용은 예수님이 가르쳐 주신 '가장 큰 계명'입니다. 마가복음에 따르면 이 계명은 서기관 중 한 사람이 예수님께 모든 계명 중 첫째, 즉 가장 중요한 계명을 묻자 예수님이 알려 주신 것입니다. 이는 마태복음 22장 34~40절과 누가복음 10장 25~28절에도 기록되어 있습니다. 마태와 누가복음의 질문자는 율법사, 율법교사로 나오는데, 이들은 요즘 말로 하면 종교학자나 신학자입니다. 나름 율법 전문가라 자부하던 이들이 정말로 중요한 계명이 무엇인지 몰라서 예수님께 물었을까요? 아닙니다. 아마 이들은 예수님이 알고 있는지 시험해 보고 싶었을 것입니다. 아니면 자기가 이것을 알고 있다는 사실을 자랑하고 싶었을지도 모릅니다. 하지만 이들이 미처 알지 못했던 것이 있습니다. 아는 것보다 중요한 것은 이것을 지키는 일이라는 사실입니다. 예수님은 우리에게 가르쳐 주신 계명 그대로 사신 분입니다. 제자인 우리는 그 삶을 잊지 말아야 합니다.

4과에서는 부활하신 예수님이 제자들을 만났을 때 주신 가장 큰 명령을 살펴봅니다. 예수님은 십자가에 달리시기 전 제자들과 산에서 다시 만나기로 약속하시고, 약속대로 만나서 이 명령을 주셨습니다. 이는 당시 열한 제자에게 하신 명령입니다. 하지만 이 과를 통해서 이것이 예수님의 제자가 되고자 하는 우리 모두에게 주시는 명령임을 깨달을 수 있습니다. 물론 아는 것보다 중요한 것은 명령대로 잘 행하는 것입니다.

1 일곱 빛깔 무지개 약속

배울 말씀 창세기 9:11~17

새길 말씀 내가 내 무지개를 구름 속에 두었나니 이것이 나와 세상 사이의 언약의 증거니라 (창 9:13)

활동 1 무지개 약속을 기억해요

활동 내용	만들기	시간	20분	인원	6명
준비물	어린이용 교재(스티커), 할핀(301), 마스킹 테이프 또는 색종이(무지개색), 풀				
목표	우리에게 먼저 약속해 주신 하나님을 기억하게 한다.				
사전 준비와 TIP					

활동 2 방주에 타자!

활동 내용	말판 놀이	시간	20분	인원	6명
준비물	교사용 교재, 주사위, 테이프				
목표	사람은 물론 동물도 함께 구원해 주신 하나님을 기억하게 한다.				
사전 준비와 TIP	① 교사용 교재의 놀이판과 말을 뜯어 둔다.				

함께 기도해요

하나님, 노아의 방주로 우리뿐만 아니라 동물들도 구원해 주셔서 감사해요. 비가 그친 하늘에 알록달록 무지개를 띄워 예쁜 약속을 해 주신 하나님을 언제나 기억하게 도와주세요. 예수님의 이름으로 기도합니다. 아멘.

활동 1 무지개 약속을 기억해요

하늘에 뜬 일곱 색깔 무지개를 본 적이 있나요? 오늘 말씀을 통해 하나님이 노아에게 보여 주신 무지개 이야기를 배웠어요. 그 이야기를 담은 그림판을 함께 만들면서 하나님이 우리에게 주신 예쁜 약속을 기억해요.

활동 방법

1. **교재의 배경판과 방주 그림을 뜯어낸다.**
   교재에 있는 배경판과 방주 그림을 찢어지지 않게 조심히 뜯어내 주세요.
2. **원판 중앙의 선을 기준으로 한쪽에는 비가 오는 하늘을, 다른 쪽에는 무지개가 뜬 하늘을 마스킹 테이프나 색종이로 표현한다.**
   무지개는 몇 가지 색이죠? 맞아요. 일곱 가지 색이에요. 어떤 색깔들인지 하나하나 말해 볼까요? (빨, 주, 노, 초, 파, 남, 보) 모두 잘 알고 있네요! 이제 선생님이 마스킹 테이프를 나눠 줄게요. 테이프를 손으로 조금씩 뜯어서 동그라미 판에 비 오는 하늘과 무지개 뜬 하늘을 표현해 보세요. 또는 색종이를 작게 찢어서 풀로 붙여도 좋아요.
3. **완성한 배경판에 방주를 올리고 할핀으로 고정한다.**
   자기가 만든 그림판이 다들 마음에 드나요? 정말 예쁘네요. 이제 그 위에 방주 그림을 올리고 할핀으로 고정해요. 할핀 끝이 뾰족하니 찔리지 않게 조심하세요. 혼자 하기 어려운 어린이는 선생님이 도와줄게요.
4. **방주에 "하나님의 약속을 기억해요!"라고 적힌 하트 스티커를 붙인다.**
   방주에 하트 스티커를 붙여 보세요. 비가 오던 하늘에 무지개가 떴네요. 하트 안에 있는 글을 선생님을 따라 함께 읽어 봐요. "하나님의 약속을 기억해요!"

   비가 오던 하늘에 뜬 일곱 빛깔 무지개, 이것은 하나님의 약속의 표시였어요. 오늘 만든 그림판을 이리저리 돌려 보면서, 하나님이 우리에게 주신 예쁜 약속을 잊지 말고 기억해요.
5. **기도로 마무리한다.**

활동 2 방주에 타자!

하나님은 방주에 타야 할 동물들도 하나하나 알려 주셨어요. 우리뿐만 아니라 동물들도 구원해 주신 거예요. 오늘 들은 말씀을 기억하면서 동물들을 모아 방주에 태워 볼까요?

활동 방법

1. **미리 뜯어 놓은 동물 말을 테이프로 붙여 세운다.**
   동물 말의 밑부분을 동그랗게 말아 주세요. 붙이는 곳을 테이프로 붙여서 설 수 있게 만들어 주세요.

2. **각자 선택한 동물 말을 게임판 출발 칸에 둔다.**
   원하는 동물을 하나씩 골라 주세요. 이제 동물들을 방주에 태울 거예요. 게임판 출발 칸에 모두 올려 주세요.

3. **순서를 정한 다음 주사위를 던져서 나온 숫자만큼 말을 옮긴다.**
   순서대로 주사위를 던져서 나온 숫자만큼 동물 말을 움직일 거예요. 누구의 말이 먼저 방주에 탈지 궁금하네요. 서로서로 응원해 주세요.

4. **나무나 돌로 길이 막힌 칸에 말이 멈추면 다음 턴에서 한 번 쉰다.**
   나무가 많거나 돌이 너무 커서 길이 막혀 있으면 동물들이 지나가기 힘들어요. 그러니 다음 순서에 한 번 쉬고 다시 건너가요.

5. **동물 말이 방주에 도착하면 "하나님이 구원해 주셨어요!"라고 외친다.**
   방주에 동물이 도착하면 "하나님이 구원해 주셨어요!"라고 외쳐 주세요. 하나님이 우리와 모든 동물까지 방주에 태워 구원해 주신 사실을 꼭 기억해요. 모든 동물이 방주에 타야 게임이 끝나요. 먼저 방주에 탄 동물들은 아직 타지 못한 동물들을 응원해 주세요.

   하나님은 노아에게 큰 방주를 만들게 하셔서 사람뿐만 아니라 동물들까지 모두 태워 구원해 주셨어요. 우리도 하나님처럼 동물들을 아끼고 사랑하는 어린이들이 되면 좋겠어요. 그리고 무엇보다 우리를 구원해 주신 하나님을 잊지 말고 기억해요.

6. **기도로 마무리한다.**

2 열 가지 약속

배울 말씀 신명기 5:1~22

새길 말씀 이스라엘아 오늘 내가 너희의 귀에 말하는 규례와 법도를 듣고 그것을 배우며 지켜 행하라 (신 5:1하반절)

활동 1 열 가지 약속

활동 내용	퍼즐 맞추기	시간	20분	인원	6명
준비물	어린이용 교재, 지퍼백(10×10cm)				
목표	열 가지 약속(십계명)을 기억하고 지켜야 함을 알게 한다.				
사전 준비와 TIP	① 어린이용 교재의 퍼즐 조각을 뜯어 세트별로 모아 둔다.				

활동 2 약속 쌓기

활동 내용	신체 활동	시간	20분	인원	5명
준비물	종이 블록 22개(빨간색 10개, 파란색 10개, 노란색 2개)				
목표	열 가지 약속을 지키는 것이 어려워도 노력해야 함을 알게 한다.				
사전 준비와 TIP	① 노란 블록을 담당하는 보조 교사(2명)는 블록을 놓는 방식으로 난이도를 조절한다.				

함께 기도해요

하나님, 우리에게 열 가지 약속을 알려 주셔서 하나님과 사이좋게 지낼 수 있게 해 주셔서 감사해요. 약속을 기억하고 지킬 수 있게 계속 말씀해 주셔서 감사해요. 항상 하나님과의 약속을 지키려고 노력하게 도와주세요. 예수님의 이름으로 기도합니다. 아멘.

활동 1 열 가지 약속

여러분, 하나님이 모세를 통해 알려 주신 열 가지 약속을 기억하나요? 퍼즐을 맞추면서 열 가지 약속을 하나하나 떠올리며 외워 봐요.

활동 방법

1. **열 가지 약속 퍼즐 조각을 나눠 준다.**
   선생님이 한 사람당 열 개씩 퍼즐 조각을 나눠 줄 거예요.
2. **퍼즐 조각의 단면 모양을 확인하며 맞춘다. 뒷면의 숫자를 보면서 맞출 수도 있다.**
   조각들의 잘린 모양을 잘 보면서 맞춰 보세요. 그러면 퍼즐이 기차처럼 길게 이어져요. 그림을 하나하나 보면서 하나님의 열 가지 약속을 기억해 보세요. 맞추기 너무 어려운 어린이는 뒷면에 있는 숫자를 보면 쉽게 맞출 수 있답니다.
3. **완성한 후 교사를 따라 열 가지 약속을 함께 읽는다.**
   퍼즐을 완성했으면 선생님과 함께 열 가지 약속을 순서대로 읽어 볼까요? 선생님이 먼저 읽으면 따라서 읽어요.
4. **퍼즐 조각을 집으로 가져가서 다시 맞춰 보면서 말씀을 기억하게 한다.**
   퍼즐 조각들을 지퍼백에 담아 줄게요. 집으로 가져가서 부모님과 함께 맞춰 보면서 오늘 배운 열 가지 약속을 다시 읽고 기억하길 바라요.

   퍼즐 조각을 서로 맞추고 이어 보면서 하나님이 우리에게 주신 열 가지 약속, 십계명을 살펴보았어요. 이 모두를 한꺼번에 다 지키기는 어렵지만, 천천히 하나씩 기억하며 지켜가기로 약속해요.
5. **기도로 마무리한다.**

활동 2 약속 쌓기

오늘 설교 말씀에서 들은 하나님이 주신 열 가지 약속 기억하나요? 다시 한번 하나하나 떠올리면서 약속 블록을 쌓아 봐요.

활동 방법

1. **전체 인원을 두 팀으로 나누고, 팀별로 블록을 나눠 준다.**
   빨간 블록팀과 파란 블록팀으로 나눌 거예요. 팀별로 블록을 10개씩 줄 거고요.
2. **노란 블록을 담당한 교사가 기준이 될 블록 하나를 먼저 놓는다.**
   이제부터 블록을 높게 쌓을 건데, 먼저 노란 블록을 담당한 선생님이 각 팀에 하나씩 블록을 놓아 주실 거예요. 가로로, 세로로, 넓은 면으로, 좁은 면으로, 다양한 모양으로 놓으실 거랍니다. 여러분은 선생님이 어떤 모양으로 놓으시는지 잘 보세요.
3. **팀별로 번갈아가며 한 명씩 나와서 교사가 세운 블록과 같은 모양으로 블록을 쌓는다.**
   이제 여러분 차례예요. 팀별로 번갈아가며 한 명씩 나와서 선생님이 놓은 블록 위에 그것과 같은 모양으로 자기 팀 블록을 쌓는 거예요. 어느 팀이 무너지지 않게 잘 쌓을지 궁금하네요. 쓰러지지 않게 조심조심 쌓아 보세요.
4. **도중에 무너지면 무너진 부분부터 다시 쌓는다.**
   모양이 쉬워 보여도 쌓다 보면 블록의 중심이 흔들리면서 무너질 수 있어요. 하지만 무너졌다고 해서 걱정하지 말아요. 무너진 부분부터 다시 쌓을 수 있으니까요.
5. **열 개의 블록을 모두 쌓은 후 "하나님과의 약속을 기억해요!"라고 함께 외친다.**
   열 개의 블록을 모두 쌓은 팀은 함께 큰 소리로 "하나님과의 약속을 기억해요!"라고 외쳐 주세요. 먼저 외치는 팀이 승리해요.
6. **같은 방법으로 여러 번 반복한다. 노란 블록을 담당한 교사는 매번 블록 놓는 방식을 달리해서 난이도를 조절한다.**
   다시 한번 활동해 볼까요? 이번에는 선생님이 어떤 모양으로 블록을 놓으실까요? 블록을 하나하나 정성껏 쌓으면서 하나님과의 열 가지 약속을 기억해요.

   하나님과의 열 가지 약속을 완벽하게 지키는 것은 어려워요. 주변 사람이나 상황이 약속을 지키지 못하도록 방해할 수도 있고요. 하지만 하나씩이라도 기억하며 지키려고 노력하는 게 중요해요. 그러다 보면 어느새 멋지게 지킬 수 있게 된답니다.
7. **기도로 마무리한다.**

3 마음이 중요해요

배울 말씀 마가복음 12장 28~34절

새길 말씀 네 마음을 다하고 목숨을 다하고 뜻을 다하고 힘을 다하여 주 너의 하나님을 사랑하라 하신 것이요 둘째는 이것이니 네 이웃을 네 자신과 같이 사랑하라 하신 것이라 이보다 더 큰 계명이 없느니라 (막 12:30~31)

활동 1 마음 십자가

활동 내용	만들기	시간	20분	인원	6명
준비물	어린이용 교재, 색 펜, 꾸미기 스티커				
목표	하나님을 먼저 사랑해야 이웃도 사랑할 수 있음을 알게 한다.				
사전 준비와 TIP					

활동 2 하나님 사랑, 이웃 사랑

활동 내용	신체 활동	시간	20분	인원	6명
준비물	색종이 40장(빨간색 20장, 초록색 20장), 큰 주사위 2개, 종이, 펜, 마스킹 테이프				
목표	하나님과 이웃을 사랑하는 것이 예수님의 가르침임을 알게 한다.				
사전 준비와 TIP	① 마스킹 테이프로 출발선과 도착선을 표시한다. ② 출발선과 도착선 사이에 징검다리 2개를 만든다. 빨간색과 초록색 색종이를 10cm 간격으로 번갈아 놓되, 다리 하나당 색별로 10장씩 사용한다. ③ 주사위 각 면에 빨강 1, 2, 3 / 초록 1, 2, 3을 적는다.				

함께 기도해요

하나님, 마음을 다해 사랑하는 어린이가 되게 해 주세요. 주변의 모든 이웃과 사랑을 나누게 해 주세요. 그런 모습을 통해 하나님의 사랑을 전하는 어린이가 되기를 원합니다. 언제나 우리와 함께하며 인도해 주세요. 예수님의 이름으로 기도합니다. 아멘.

활동 1 마음 십자가

예수님이 우리에게 정말 중요한 두 가지 약속을 알려 주셨어요. 기억나나요? 다 같이 마음 십자가를 만들면서 예수님과의 약속을 기억해요.

활동 방법

1. **교재의 그림을 뜯어내 접는 선을 따라 접는다.**
   교재의 그림을 조심스럽게 뜯어내 접는 선을 따라 접어 주세요. 삐뚤어지지 않게 선에 맞춰서 조금씩 접어 주세요.
2. **겉면에 있는 글자들을 색칠한다.**
   다 접었나요? 어떤 모양이 되었나요? 맞아요. 십자가 모양이에요. 십자가에 글자가 쓰여 있어요. 함께 읽어 볼까요? 하나님 사랑, 이웃 사랑. 이제 한 글자씩 천천히 읽으면서 색칠해 봐요.
3. **안쪽에 있는 그림을 보며 함께 이야기를 나눈다.**
   십자가를 양옆으로 당겨서 문을 열 듯 열어 주세요. 그림들이 여러 개 있네요. 하나하나 살펴보면서 함께 이야기를 나눠요.
   찬양하기 - 하나님을 사랑하는 사람은 매일 하나님을 찬양해요.
   말씀 듣기 - 하나님을 사랑하는 사람은 주일마다 교회에 와서 말씀을 들어요.
   기도하기 - 하나님을 사랑하는 사람은 매일 하나님께 기도해요.
   친구 돕기 - 이웃을 사랑하는 사람은 몸이 불편한 친구를 도와줘요.
   함께 놀기 - 이웃을 사랑하는 사람은 친구에게 내 것을 나눠 주면서 놀아요.
   나눠 먹기 - 이웃을 사랑하는 사람은 친구와 간식을 나눠 먹어요.
4. **다시 접어서 색 펜과 꾸미기 스티커로 자유롭게 꾸민다.**
   이제 다시 십자가 모양으로 접어 주세요. 그리고 색 펜과 꾸미기 스티커로 십자가를 예쁘게 꾸며 보세요. 반짝반짝 나만의 십자가를 만들어요.

   먼저 하나님을 사랑해야 이웃을 사랑할 수 있답니다. 날마다 십자가 문을 열어 보면서 예수님이 가장 중요하다고 알려 주신 두 가지 약속, 즉 하나님 사랑과 이웃 사랑을 기억하고 지키며 살아가길 바라요.
5. **기도로 마무리한다.**

활동 2

하나님 사랑, 이웃 사랑

하나님 사랑과 이웃 사랑, 예수님은 이 두 가지 약속이 가장 중요하다고 말씀하셨어요. 이번 활동은 그 약속을 더 잘 기억하게 해 줄 거예요. 잘 기억하면 더 잘 지킬 수 있겠죠?

활동 방법

1. **전체 인원을 두 팀으로 나눈다.**

   두 팀으로 나누어서 활동할 거예요. 여기 징검다리 두 개가 있어요. 주사위를 던져서 빨강이 나오면 빨간색 징검다리만 밟고, 초록이 나오면 초록색 징검다리만 밟으면서 도착선까지 가야 해요.

2. **팀별로 한 명씩 출발선에 나와서 주사위를 던진 후 나온 숫자만큼 이동한다.**

   팀에서 한 명씩 나와서 출발선에 서 주세요. 주사위를 번갈아 던져서 나온 숫자만큼 징검다리를 폴짝폴짝 건너가면 돼요. 예를 들어 빨강 2가 나오면 빨간색 징검다리만 밟으면서 두 칸 가는 거예요.

3. **이때 팀원 전체가 미션을 수행한다. 주사위를 던져서 빨강이 나오면 팀원 모두 "하나님 사랑!"이라고 외치고, 초록이 나오면 "이웃 사랑!"이라고 외친다.**

   그런데 징검다리를 건널 때 미션이 있어요. 주사위를 던져서 빨강이 나오면 팀 전체가 두 손을 번쩍 들고 "하나님 사랑!"이라고 외치고, 초록이 나오면 같은 방법으로 "이웃 사랑!"이라고 외쳐야 해요.

4. **팀 전원이 먼저 도착하면 승리한다.**

   첫 번째 어린이가 도착선에 도달하면 다음 어린이가 출발할 수 있어요. 그렇게 팀원 모두 징검다리를 건너서 도착선에 먼저 들어온 팀이 승리해요. 시작해 볼까요? (활동 후) 어느 팀이 먼저 다 들어왔나요? 참 잘했어요. 미션도 모두 멋지게 해냈어요. 모든 팀원이 마음을 모아 외친 두 가지 약속을 꼭 기억해요.

   하나님을 사랑하고 이웃을 사랑하라는 예수님 말씀, 이제 잊지 않겠죠? 잊지 말고 잘 실천해서 언제나 사랑하며 사는 어린이가 되길 바라요.

5. **기도로 마무리한다.**

4 예수님과의 마지막 약속

배울 말씀 마태복음 28:18~20

새길 말씀 그러므로 너희는 가서 모든 민족을 제자로 삼아 아버지와 아들과 성령의 이름으로 세례를 베풀고 내가 너희에게 분부한 모든 것을 가르쳐 지키게 하라 볼지어다 내가 세상 끝날까지 너희와 항상 함께 있으리라 하시니라 (마 28:19~20)

활동 1 복음 종알을 후!

활동 내용	만들기	시간	20분	인원	
준비물	종이컵, 빨대(지름 1cm 이상), 수수깡, 송곳, 마스킹 테이프				
목표	예수님을 많은 사람에게 전해야 함을 알게 한다.				
사전 준비와 TIP	① 굵은 빨대가 통과할 수 있도록 종이컵 아래쪽 양옆에 송곳으로 구멍을 뚫는다. ② 수수깡을 5cm씩 잘라둔다. (1인당 10개) ③ 시작선을 마스킹 테이프로 표시한다.				

활동 2 복음 전하러 고고!

활동 내용	신체 활동	시간	20분	인원	10명
준비물	어린이용 교재, 빨대, 털실, 테이프, 생수병 2개(2L), 책상				
목표	우리는 예수님의 사람임을 알게 한다.				
사전 준비와 TIP	① 어린이용 교재의 하트 복음판을 미리 뜯어 놓는다. ② 빨대를 5cm씩 잘라둔다. (1인당 2개) ③ 털실을 300cm씩 잘라둔다. 길수록 좋다. (1인당 1개)				

함께 기도해요

하나님, 우리를 항상 사랑해 주셔서 감사해요. 이 세상 모든 친구에게 예수님을 전할 수 있게 용기를 주세요. 그래서 예수님이 주신 마지막 약속을 꼭 지킬 수 있게 해 주세요. 예수님의 이름으로 기도합니다. 아멘.

활동 1 복음 총알은 후!

오늘 설교 말씀에서 예수님이 알려 주신 마지막 약속을 배웠어요. 그 약속이 뭐였죠? 그래요. 모든 사람에게 예수님을 전하는 거예요. 이번 활동에서는 언제나 어디서나 예수님을 힘차게 전하는 연습을 해 볼 거예요.

활동 방법

1 종이컵 구멍에 빨대를 끼운다.

여기 구멍이 뚫린 종이컵이 있어요. 이 구멍에 빨대를 끼울 거예요. 빨대 가운데에 종이컵이 올 수 있게 잘 조정해 주세요. 이때 빨대가 구부러지지 않게 조심해 주세요. 마지막으로 빨대 한쪽을 끝에서 5cm 정도 꽉 눌러 납작하게 접어 주세요. 이러면 수수깡 총 완성!

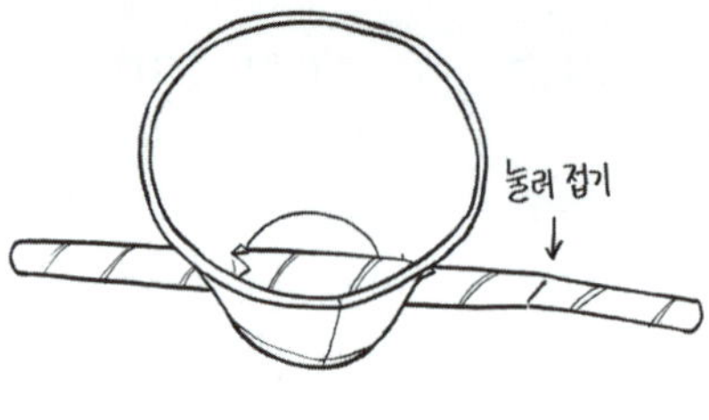

2 자른 수수깡을 종이컵에 담고, 납작한 빨대 끝에 수수깡 조각 하나를 끼운다.

작게 잘라 놓은 이 수수깡이 우리의 복음 총알이에요. 원하는 만큼 종이컵에 담고 하나를 꺼내서 납작한 빨대 끝에 끼워 주세요. 이제 복음 총알을 발사할 준비가 됐어요.

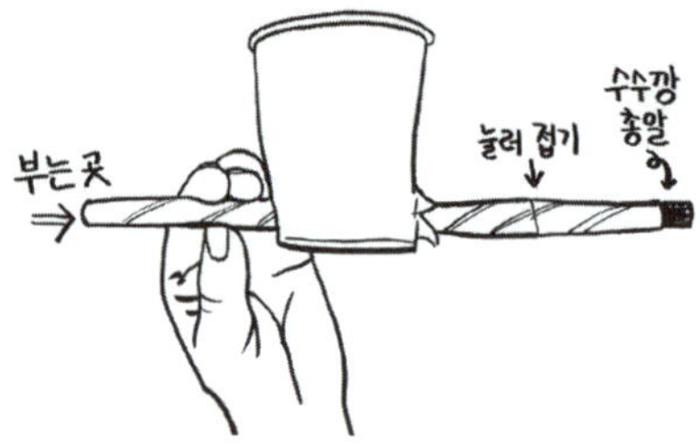

3 시작선에 서서 빨대를 입에 물고 입바람을 분다.

한 명씩 차례대로 시작선으로 나와 주세요. 그리고 빨대를 입에 물고 바람을 후~ 불어서 복음 총알을 날려 보내요. 예수님이 알려 주신 마지막 약속대로 하나님의 복음을 많은 사람에게 후후~ 전해 봐요. 활동 중에 수수깡을 삼키거나 친구를 향해 쏘지 않도록 조심해요.

4 제일 멀리까지 수수깡을 날려 보낸 어린이가 승리한다.

시작선에서 제일 멀리까지 복음 총알을 날려 보낸 어린이가 승리해요. 누가 더 멀리 복음을 전할 수 있을까요? 더 힘차게 불어 보세요.

우리가 입으로 후후~ 날려 보낸 복음 총알처럼, 나의 멋진 입으로 복음을 전해 봐요. 만나는 모든 사람에게 예수님이 누구신지, 또 우리를 얼마나 사랑하시는지 전하는 어린이가 되길 바라요.

5 기도로 마무리한다.

활동 2 복음 전하러 고고!

예수님이 우리에게 알려 주신 마지막 약속을 배웠어요. 모든 사람에게 복음을 전하는 것, 예수님과의 이 약속을 지키기 위해 떠나 봐요.

활동 방법

1. **하트 복음판에 친구에게 전해 줄 예수님을 그리거나 글로 표현한다.**
   선생님이 하트 복음판을 하나씩 나눠 줄 거예요. 친구에게 예수님의 어떤 모습을 전해 주고 싶나요? 내가 전해 줄 예수님을 하트 안에 그리거나 글로 적어 주세요. 하트 복음판을 예쁘게 꾸며도 좋아요. 자유롭게 표현해 보세요.
2. **복음판 뒷면의 붙이는 곳에 테이프로 빨대를 붙인다.**
   선생님이 빨대 두 개를 줄게요. 복음판 뒷면 붙이는 곳에 테이프로 튼튼하게 붙여 주세요.
3. **실 넣는 방향대로 털실을 넣는다.**
   이제 선생님이 털실을 나눠 줄 거예요. 복음판 뒤에 표시된 방향대로 빨대 안에 실을 넣어 보세요. 어려운 친구는 선생님이 도와줄게요. 기다려 주세요.
4. **전체 인원을 두 팀으로 나눈다.**
   자, 모든 준비가 끝났어요. 지금부터 두 팀으로 나눠서 대결을 해 볼 거예요.
5. **물이 든 생수병을 책상에 올려두고, 입구에 하트 복음판의 털실 가운데를 건다. 복음판을 털실 끝 쪽으로 내린 후 실 양쪽을 잡고 준비한다.**
   팀별로 한 명씩 나와서 생수병에 하트 복음판의 털실을 걸어 주세요. 실의 가운데를 거는 거예요. 잘 끼웠으면 복음판을 털실 끝 쪽으로 보낸 후 실을 양손으로 잡아 주세요. 그리고 뒷걸음질 쳐서 실을 팽팽하게 당겨 둔 채 출발 준비를 해 주세요.
6. **양손을 번갈아 움직여서 하트 복음판이 생수병 쪽으로 움직이게 한다. 생수병까지 먼저 도착하는 팀이 승리한다.**
   실을 양손으로 잡은 상태에서 번갈아 움직이면 복음판이 조금씩 앞으로 나아갈 거예요. 열심히 움직여서 생수병까지 먼저 도착하는 팀이 승리해요.

   양손을 열심히 움직였더니 하트 복음판이 조금씩 앞으로 나아갔어요. 이처럼 예수님을 먼저 알게 된 우리가 열심히 움직여서 아직 모르는 친구에게 다가가야 해요. 우리 모두 복음을 위해 몸과 마음을 움직여서 예수님과의 약속을 멋지게 지켜내는 제자가 돼요!
7. **기도로 마무리한다.**

2 구하라

누가복음 11장 9절

작곡 : 이화익
편곡 : 이화익

하나님께 바른 것을 구하면 반드시 주신다

성경에는 하나님께 직접 무언가를 구한 이들의 이야기가 많습니다. 그들의 기도가 왜 응답받았는지 살펴보면 우리가 하나님께 무엇을 어떻게 구해야 하는지를 깨닫게 됩니다. 어릴 적에는 내가 원하면 무엇이든 하나님께서 들어주시는 것으로 알기 쉽습니다. 그러나 실제로는 그렇지 않다는 사실을 경험하면서, 하나님께 실망하거나 심지어 교회를 떠나는 이들까지 생깁니다. 이 단원에서는 혼자 힘으로 하기 어려운 일이나 상황에 맞닥뜨렸을 때, 하나님께 도움을 구하는 것이 얼마나 중요하고 필요한지를 배웁니다. 더불어 하나님께 구하는 것이 나 자신의 만족과 욕심만을 채우거나 다른 사람을 힘들게 하는 일은 아닌지 돌아봅니다. 또한 하나님이 보시기에 좋은 것, 다른 이들에게 도움이 되는 것을 구하고 있는지도 생각해 봅니다.

1과에서는 구하면 반드시 주실 것이라는 약속의 근거인 성경 말씀을 살펴보면서, 내 힘으로 하지 않고 하나님께 구하고, 찾고, 두드려야 함을 배웁니다.

2과는 히스기야 왕이 죽을병에 걸렸을 때의 이야기입니다. 남유다의 13번째 왕으로 25세에 왕위에 오른 그는 조상 다윗을 그대로 본받아 하나님을 온전히 신뢰한, 하나님이 보시기에 선한 왕이었습니다(왕하 18:3~5). 그래서 병들어 죽게 되었을 때, 자신이 얼마나 하나님 앞에서 신실했고, 마음을 온전히 드렸는지를 하나님께 기도로 고백했습니다. 히스기야의 기도를 듣고 눈물을 보신 하나님은 이사야 선지자를 통해 15년의 삶을 더해 주겠다고 약속하시고, 해시계의 그림자를 뒤로 10도 돌리는 약속의 징표까지 보여 주셨습니다. 히스기야의 어떤 모습이 하나님의 마음을 움직였는지 확인하면서 나의 기도를 찬찬히 돌아봅니다.

3과는 솔로몬이 기브온 하나님의 성막 앞에서 예배드리던 밤, 하나님께서 그에게 나타나신 이야기입니다. 무엇을 원하느냐고 물으시는 하나님께 솔로몬은 지혜와 지식을 구했습니다. 자기를 위한 부나 재물, 명예, 장수(長壽) 등이 아니라, 한 나라의 왕으로서 백성을 잘 통치하는 데 필요한 것을 구한 그를 하나님은 기뻐하셨습니다. 그래서 이전과 이후의 어떤 왕도 누린 적 없는 부와 재물, 명예까지도 함께 주셨습니다. 하나님께서는 왜 솔로몬이 구한 것뿐만 아니라, 구하지 않은 것까지 더불어 주셨는지 생각해 봅니다.

4과에서는 히스기야의 신실함도, 솔로몬의 지혜와 지식도 중요하지만, 오늘날 신앙인으로서 가장 먼저 그리고 언제나 구할 것은 바로 사랑임을 배웁니다. 산을 옮길 만한 믿음과 하나님 나라에 대한 소망보다 중요한 것, 으뜸인 것이 바로 사랑이기 때문입니다. 이 과를 통해 사랑의 중요성을 깊이 깨닫고, 사랑 많은 사람이 되도록 기도하는 훈련을 합니다.

1 하나님께 기도해요

배울 말씀 누가복음 11:9~13

새길 말씀 내가 또 너희에게 이르노니 구하라 그러면 너희에게 주실 것이요 찾으라 그러면 찾아낼 것이요 문을 두드리라 그러면 너희에게 열릴 것이니 (눅 11:9)

활동 1 하나님, 들리시죠?

활동 내용	만들기	시간	20분	인원	5명
준비물	어린이용 교재, 색연필, 보석 스티커, 리본 끈, 풀(또는 양면테이프)				
목표	우리 기도를 들어주시는 하나님을 기억하게 한다.				
사전 준비와 TIP	① 리본 끈을 어린이 수대로 미리 잘라둔다. ② 교재 그림을 코팅해서 튼튼하게 만들면 더욱 좋다.				

활동 2 하나님, 도와주세요

활동 내용	신체 활동	시간	20분	인원	
준비물	교사용 교재, 바구니 4개, 볼풀공 30개(팀당 15개×2세트), 마스킹 테이프				
목표	하나님은 우리 기도를 들어주시는 분임을 되새기게 한다.				
사전 준비와 TIP	① 마스킹 테이프로 출발선과 도착선을 표시한다. ② 출발선과 중간 지점에 바구니를 한 개씩 둔다. ③ 교사용 교재에 있는 기도가 필요한 5가지 상황 그림을 5개의 볼풀공에 각각 붙여서 출발선에 있는 바구니에 넣는다. ④ 10개의 볼풀공에 나머지 그림들을 각각 붙여서 중간에 있는 바구니에 넣는다. ⑤ 도착 지점에 교사 한 명이 대기하면서 어린이들이 짝이 되는 공을 잘 가져왔는지 확인한다.				

함께 기도해요

사랑의 하나님, 어렵고 힘들 때 하나님께 얘기할 수 있게 해 주셔서 감사해요. 어떤 상황에서도 걱정하거나 두려워하지 않고, 먼저 하나님께 기도하게 해 주세요. 하나님이 우리 기도를 들어주실 줄 믿어요. 예수님의 이름으로 기도합니다. 아멘.

활동 1 하나님, 들리시죠?

하나님은 언제나 우리 기도를 들어주시는 분임을 배웠어요. 그래서 우리는 어떤 상황에서든 하나님께 기도로 구할 수 있어요. 이번 활동에서는 항상 하나님과 이야기할 수 있는 기도 핸드폰을 만들어 봐요.

활동 방법

1. **교재의 핸드폰 도안과 배경화면 그림들을 뜯어낸다.**
   교재를 보세요. 어떤 그림들이 있나요? 그림들을 모두 잘 뜯어내 주세요.
2. **핸드폰 그림을 접는 선을 따라 접고 풀로 붙인다.**
   먼저 핸드폰을 만들어 봐요. 접는 선을 따라 접은 다음 풀칠해서 붙여 주세요. 여러분이 하나님께 언제나 이야기할 수 있는 기도 핸드폰이랍니다.
3. **색연필과 보석 스티커로 꾸민다.**
   나만의 기도 핸드폰을 예쁘게 꾸며요. 색칠도 하고 스티커도 붙이면서 자유롭게 꾸며 보세요.
4. **배경화면 그림을 색칠한다.**
   이번에는 핸드폰 안에 넣을 그림들을 색칠할 거예요. 하나님과 연결해 줄 번호판도 알록달록 칠하고, 기도문도 쓸 수 있어요. 더 원하는 것이 있으면 빈 종이에 직접 그려도 됩니다.
5. **배경화면 그림을 핸드폰 안에 넣고, 리본 끈을 매단다.**
   그림을 다 그렸으면 핸드폰 안에 쏙 넣어 주세요. 선생님이 리본 끈을 달아 줄게요.
6. **완성한 핸드폰으로 활동한다.**
   이제 이 기도 핸드폰으로 하나님께 어떤 것이든 말할 수 있어요. 핸드폰 안에 있는 그림들 중에서 원하는 것을 하나 택해 맨 앞으로 오게 해 주세요. 배경화면처럼요. 그리고 하나님께 전화를 걸어 기도해 볼까요? "하나님, 나의 기도를 들어주세요!"

   하나님은 언제나 우리 기도를 들어주세요. 그리고 가장 좋은 것을 주신답니다. 기도 핸드폰에 나의 기도를 적은 것처럼 도움이 필요할 때, 힘들 때, 기쁠 때, 하나님께 이야기하고 싶은 것을 언제든지 기도해 보세요. 하나님께서 여러분의 기도를 들으시고 도와주실 거예요.
7. **기도로 마무리한다.**

활동 2 하나님, 도와주세요

기도하면 하나님이 속상한 마음을 위로해 주시고, 아픈 곳을 치료해 주시고, 새 힘과 용기를 주세요. 우리에게 가장 필요한 것을 주신답니다. 이 사실을 믿고 하나님께 도움을 구하는 기도를 해 볼까요?

활동 방법

1 **두 명씩 짝을 짓고 출발선에 있는 바구니에서 볼풀공을 하나 꺼내 그림을 확인한다. 두 사람이 손바닥을 맞대 기도손을 만든 채로 출발해 중간에 있는 바구니까지 간다.**

두 명씩 짝을 지어 출발선에 서 주세요. 한 사람이 바구니에서 볼풀공을 하나 꺼내 주세요. 볼풀공에는 다양한 상황을 표현한 그림이 있어요. 그림을 확인한 다음 두 사람이 한 손씩 모아 기도손을 만들고 "하나님, 도와주세요!"라고 외치면서 중간에 있는 바구니까지 가요.

2 **중간 지점에 있는 바구니에서 짝이 되는 그림을 찾는다.**

중간 바구니에 도착하면 출발선에서 뽑은 그림과 짝이 되는 그림을 찾아 주세요. 그러고 나서 두 공을 함께 가지고 도착선에 있는 선생님께 가면 된답니다.

상황	다리를 다친 사람	배고픈 사람	슬픈 사람	놀이터에 혼자 있는 사람	물에 빠진 사람
짝이 되는 그림	구급상자	밥	하트	친구들	튜브
* 그 외에 관련 없는 그림 - 별, 자동차, 왕관, 빗, 선글라스					

3 **도착선에 있는 교사에게 두 공을 확인받는다. 잘못된 공을 가져왔으면 중간 지점으로 돌아가서 다시 찾아온다.**

도착선에 계신 선생님이 두 공을 확인해 주실 거예요. 그런데 만약 어울리지 않는 공을 가져왔으면 중간 지점으로 돌아가 다시 찾아와야 해요. 그러니 짝꿍과 함께 상황에 어울리는 그림인지 한 번 더 생각해 보세요.

4 **짝이 되는 그림을 가져온 팀은 한목소리로 "하나님, 감사합니다!"라고 크게 외친다.**

짝이 되는 그림을 잘 찾아온 팀은 기도를 들어주시고 도와주신 하나님께 큰 목소리로 "하나님, 감사합니다!"라고 외쳐요.

도움이 필요할 때 하나님께 기도했더니 무슨 일이 일어났나요? 하나님께서 기도를 들으시고 필요한 것을 채워 주셨어요. 하나님은 언제나 우리 기도를 들어주시는 분이에요. 이 사실을 언제나 기억하며 어떤 순간이든 기도하는 모두가 되길 소망해요..

5 **기도로 마무리한다.**

2 언제나 기도해요

배울 말씀 이사야 38:1~8

새길 말씀 히스기야가 얼굴을 벽으로 향하고 여호와께 기도하여 (사 38:2)

활동 1 언제나 기도해요

활동 내용	만들기	시간	20분	인원	5명
준비물	어린이용 교재, 고리링, 색연필				
목표	히스기야처럼 기도하는 습관을 가지게 한다.				
사전 준비와 TIP	① 교재의 손 그림을 뜯어 세트별로 모아둔다. 세트당 8장이다.				

활동 2 항상 기도해요

활동 내용	게임	시간	20분	인원	5명
준비물	어린이용 교재, 교사용 교재				
목표	어떤 상황에서든 기도할 수 있음을 깨닫게 한다.				
사전 준비와 TIP	① 교사용 교재의 주사위 그림을 미리 뜯어 만들어 놓는다. ② 어린이용 교재의 그림 카드를 미리 뜯어 모아 놓는다. 모든 어린이의 카드를 중앙에 뒤집어 두고서 게임을 진행한다.				

함께 기도해요

사랑의 하나님, 히스기야 왕은 항상 하나님께 기도하는 사람이었어요. 그래서 어려운 일이 생겼을 때도 하나님께 곧바로 기도할 수 있었어요. 우리도 기도하는 습관을 가져서 언제나 하나님만 의지하게 해 주세요. 예수님의 이름으로 기도합니다. 아멘.

활동 1 언제나 기도해요

히스기야는 매일 기도하는 사람이었어요. 그래서 어려운 일이 생겼을 때도 곧바로 하나님을 찾고 기도할 수 있었어요. 우리도 기도하는 습관이 있으면, 힘들고 어려운 순간에 먼저 하나님께 구할 수 있어요. 기도하는 습관을 가지게 도와줄 기도손 카드를 만들어 봐요.

활동 방법

1. **기도손 카드(8장)를 나눠 주고, 7장의 기도손 그림을 색칠한다.**

   월요일부터 주일까지 각각 그림이 그려져 있어요. 매일 그림을 보면서 한 가지씩 기도하는 거예요. (그림을 함께 보면서) 월요일에는 무얼 위한 기도를 해야 할까요? 가족을 위해 기도해요. 화요일에는? 친구들을 위해 기도해요. 수요일에는 나와 가족의 건강을 위해 기도해요. 목요일에는 우리 교회를 위해 기도해요. 금요일에는 이웃 나라를 위해 기도해요. 토요일에는 하나님 말씀을 기억하고 실천하게 해 달라고 기도해요. 주일에는 하나님께 드릴 예배를 위해 기도해요. 이제 매일 이렇게 기도하는 나를 상상하며 그림을 예쁘게 색칠해 보세요.

2. **표지에 자기 이름을 적는다.**

   색칠을 끝낸 어린이는 표지에 자기 이름을 써 주세요. 쓰기 어려우면 선생님이 도와줄게요.

3. **기도손을 차례로 모아 고리로 묶는다.**

   완성한 기도손을 선생님께 가져오면 고리를 끼워서 하나로 만들어 줄게요.

4. **뒷면에 있는 기도문을 교사를 따라 읽는다.**

   뒷면의 기도문을 함께 읽어 볼까요? 선생님을 따라 읽어 보세요.

   - 월 : 하나님, 가족을 주셔서 감사해요. 함께 하나님을 예배하고 서로 사랑하는 우리 가족이 되게 해 주세요.
   - 화 : 하나님, 친구들과 사이좋게 지내게 해 주세요.
   - 수 : 하나님, 아프지 않고 더욱 튼튼한 어린이가 되게 해 주세요.
   - 목 : 하나님, 우리 교회를 통해 많은 사람이 하나님을 알 수 있게 해 주세요.
   - 금 : 하나님, 아직 하나님을 모르는 이웃 나라 사람들이 하나님을 만나게 해 주세요.
   - 토 : 하나님, 하나님 말씀을 기억하고 실천하게 해 주세요.
   - 주일 : 하나님, 제가 드리는 예배에 함께해 주시고 기쁘게 받아 주세요.

   기도하는 습관이 생기면 우리도 히스기야처럼 어려운 일이 생겼을 때, 다른 방법을 찾기보다 먼저 하나님께 기도하게 돼요. 하나님이 그 기도를 분명히 들어주실 거예요.

5. **기도로 마무리한다.**

활동 2 항상 기도해요

우리는 힘들고 어려운 순간에 하나님을 찾아요. 하지만 기도는 그런 때만 하는 게 아니에요. 어떤 상황에서 기도할 수 있을까요? 주사위 놀이를 하면서 배워 봐요.

활동 방법

1. **주사위의 그림들을 살펴보며 어떤 상황인지 이야기한다.**

   이건 기도 주사위예요. 어떤 그림들이 있는지 함께 볼까요? (밥 먹기 전/ 놀이터에서 다쳤을 때/ 가족 여행/ 친구와 싸워서 속상할 때/ 예배 시간/ 슬플 때)

2. **주사위를 굴려서 나온 그림과 똑같은 메모리 카드를 찾는다. 6장을 먼저 다 찾은 사람이 승리한다.**

   여기 그림 카드들이 뒤집어져 있어요. 이제부터 게임을 할 거예요. 한 명씩 차례대로 주사위를 굴려서 주사위에 나온 그림과 같은 그림 카드를 찾는 거예요. 제대로 찾으면 가져가고, 다른 그림이면 뒤집어 다시 제자리에 두면 돼요. 카드 여섯 장을 먼저 다 가져가는 어린이가 승리해요. 시작해 볼까요?

   우리는 이 그림들처럼 다양한 상황에서 기도할 수 있어요. 이렇게 어떤 일이 생기든 먼저 기도하다 보면 누구보다 강한 기도의 어린이가 될 수 있답니다. 하나님이 그 기도를 들으시고 함께해 주시니까요.

3. **기도로 마무리한다.**

3 나의 기도를 통해

배울 말씀 역대하 1:6~12

새길 말씀 주는 이제 내게 지혜와 지식을 주사 이 백성 앞에서 출입하게 하옵소서 이렇게 많은 주의 백성을 누가 능히 재판하리이까 하니 (대하 1:10)

활동 1 나의 기도를 통해

활동 내용	지면 활동	시간	20분	인원	5명
준비물	어린이용 교재, 색연필, 풀				
목표	다른 사람을 위한 기도를 생각해 보고 서로 나누게 한다.				
사전 준비와 TIP					

활동 2 반짝반짝 기도손

활동 내용	만들기	시간	20분	인원	5명
준비물	셀로판지(여러 색), 손코팅지(A4, 인원수대로), 가위, 나무젓가락, 유성펜(검정), 테이프				
목표	하나님은 다른 사람을 위한 기도를 기뻐하시고 더 많은 것을 주시는 분임을 알게 한다.				
사전 준비와 TIP	① 셀로판지를 3×3cm씩으로 잘라둔다. ② 손코팅지를 반으로 잘라둔다.				

함께 기도해요

하나님, 솔로몬 왕의 기도처럼 우리 기도도 다른 사람들에게 도움이 되고 힘이 되기를 원해요. 나만을 위해서가 아니라 다른 사람을 위해 기도할 수 있는 어린이가 되게 해 주세요. 예수님의 이름으로 기도합니다. 아멘.

활동 1 나의 기도를 통해

솔로몬 왕은 하나님께서 원하는 것을 구하라고 하셨을 때, 자기를 위한 것보다 백성을 위한 지혜와 지식을 달라고 기도했어요. 우리는 다른 사람을 위해 어떤 기도를 할 수 있을까요?

활동 방법

1. **교재의 어린이 얼굴에 색연필로 눈, 코, 입을 그리고 머리카락도 그려 준다.**
   교재에 어린이 얼굴이 있어요. 그런데 잠깐! 얼굴에 눈, 코, 입이 없네요. 기도하는 내 얼굴을 그려 주세요. 내 머리 모양과 똑같이 머리카락도 그려 보세요. 기도하는 내 모습이 완성되었어요.
2. **두 도안의 붙이는 곳을 확인한 후 서로 마주 보게 붙인다.**
   뜯어낸 두 카드에는 각각 풀칠할 곳과 붙이는 곳이 표시되어 있어요. 두 부분이 딱 맞도록 잘 붙여 주세요.
3. **기도 제목을 하나씩 되새기며 색칠한다.**
   솔로몬은 백성을 위한 지혜와 지식을 달라고 기도했어요. 우리는 하나님께 무엇을 구할 수 있을까요? 다른 사람을 위해 어떤 기도를 할 수 있을까요? 지금 그린 내 얼굴을 넘기면 뒷장에 우리 머릿속에 꼭꼭 담아둬야 할 기도의 내용이 나와요. 함께 살펴보며 색칠해요.
   - 하트 - 내 마음에 하나님의 사랑이 가득하게 해 달라고 기도할 수 있어요. 그리고 그 사랑을 다른 사람들에게 나눠 주게 해 달라고 기도할 수 있어요.
   - 우리나라 지도 - 우리나라를 위해 기도할 수 있어요. 우리나라가 하나님이 기뻐하시는 나라가 되게 해 달라고 기도할 수 있어요.
   - 아픈 친구 - 친구의 건강을 위해 기도할 수 있어요. 그리고 그 친구를 내가 잘 도와주게 해 달라고 기도해요.
   - 세계지도 - 아직 예수님을 모르는 이웃 나라 친구들을 위해 기도할 수 있어요.
   - 아픈 지구 - 우리가 함께 살아가는 이 땅을 위해 기도할 수 있어요.
4. **각자 다른 사람을 위해 기도할 제목 세 가지를 골라서 동그라미 친다.**
   여러분은 다른 사람을 위해 어떤 것을 기도할 수 있나요? 그림에서 세 가지 기도 제목을 골라 동그라미 쳐 보세요. 그리고 나머지 두 가지를 위해서도 기도하는 어린이가 돼요.

   우리는 나만이 아니라 다른 사람을 위해서도 기도할 수 있어요. 조금만 생각하고 돌아보면 우리의 기도가 필요한 곳이 아주 많아요. 우리가 기도로 구할 때, 하나님이 그 모든 것을 지키고 아름답게 해 주실 거예요.
5. **기도로 마무리한다.**

활동 2 반짝반짝 기도손

하나님은 솔로몬의 기도를 기뻐하셨어요. 자기 자신을 위한 것보다 백성을 위한 것을 구했기 때문이에요. 그랬더니 하나님은 그에게 더 많은 것을 넘치게 주셨답니다. 솔로몬의 기도를 기억하며 기도손 썬캐쳐를 만들어 봐요.

활동 방법

1. **손코팅지 앞면에 손을 올려놓고 유성펜으로 외곽선을 따라 그린다.**
   하나님께 기도하는 예쁜 손으로 썬캐쳐를 만들 거예요. 손을 코팅지에 올리고 손 모양을 따라서 그려 주세요. 혹시 어려운 어린이는 선생님이 도와줄게요.

2. **손코팅지 비닐을 떼고 셀로판지로 꾸민다.**
   다 그린 어린이는 뒷면의 비닐을 떼어내 주세요. 그리고 여러 색깔 셀로판지를 붙여서 꾸며 주세요. 우와! 알록달록 예쁘게 잘 만들었네요.

3. **다른 손코팅지의 비닐을 떼어내 ②에 붙인다.**
   이제 셀로판지 조각들이 떨어지지 않도록 해야겠죠? 남아 있는 손코팅지의 비닐을 떼어내 셀로판지 위에 붙여 주세요. 기포가 생기지 않게 꾹꾹 잘 눌러 주세요.

4. **그려 놓은 손 모양을 따라 오리고 나무젓가락을 붙여서 완성한다.**
   이제 펜으로 그린 손 모양을 따라 가위로 오리세요. 가위질이 어려운 어린이는 선생님이 도와줄게요. 마지막으로 테이프로 나무젓가락을 붙여서 완성해 주세요. 부채 손잡이처럼 붙여 보세요.

5. **완성한 썬캐쳐를 햇빛(또는 손전등)에 비추며 관찰한다.**
   완성한 기도손 썬캐쳐를 햇빛에 비추어 볼까요? 알록달록 예쁜 색깔이 이곳에 가득해지네요. 우리 기도를 기쁘게 여기시는 하나님의 마음이 이렇게 아름답겠죠?

   우리도 솔로몬처럼 다른 사람을 위해 기도할 수 있어요. 하나님이 그 기도를 기쁘게 받으시고, 더 큰 은혜를 부어 주실 거예요. 다른 사람을 위한 기도가 나를 위한 기도라는 사실, 꼭 기억하길 바라요.

6. **기도로 마무리한다.**

4 예수님처럼 사랑할래요

배울 말씀 요한복음 13:31~35

새길 말씀 새 계명을 너희에게 주노니 서로 사랑하라 내가 너희를 사랑한 것 같이 너희도 서로 사랑하라 (요 13:34)

활동 1 사랑을 닮아요

활동 내용	만들기	시간	20분	인원	
준비물	어린이용 교재, 양면테이프(48mm), 빨대(지름 5mm, 인원수대로), 털실, 색연필, 투명 시트지				
목표	예수님의 사랑을 닮아가야 함을 알게 한다.				
사전 준비와 TIP	① 털실은 50cm씩 잘라서 엉키지 않게 모아둔다. ② 교재의 하트 그림 전체에 양면테이프를 붙인다. ③ 투명 시트지를 하트 크기와 같게 잘라둔다.				

활동 2 사랑을 받아랏!

활동 내용	신체 활동	시간	20분	인원	
준비물	찬양 음원, 호루라기, 하트 스티커(1인당 10개), 명찰 줄(리본 끈)				
목표	예수님이 보여 주신 사랑을 기억하며 배운 말씀을 실천하게 한다.				
사전 준비와 TIP	① 사랑에 관련된 찬양 음원을 준비한다. 어린이들에게 익숙한 찬양이 좋다. ② 하트 스티커가 10개씩 들어가게 스티커지를 자른 다음 위쪽에 구멍을 뚫어 목걸이로 만든다. ③ 전체 진행과 찬양을 담당할 교사가 1명씩 필요하다. 찬양 담당 교사는 활동 내내 찬양이 멈추지 않게 한다. ④ 스티커를 받지 못하는 어린이가 없도록 한다.				

함께 기도해요

좋으신 하나님, 예수님이 보여 주신 사랑을 우리도 닮아가길 원해요. 모든 사람을 진심으로 사랑하신 예수님처럼, 우리도 주변 사람들에게 사랑 가득한 말과 행동으로 먼저 다가가게 해 주세요. 예수님의 이름으로 기도합니다. 아멘.

활동 1

사랑을 닮아요

예수님은 많은 사람을 진심으로 사랑하셨어요. 우리도 주변 사람들을 사랑할 수 있게 해 달라고 기도해야 해요. 예수님이 보여 주신 사랑을 닮아가겠다는 마음으로 오늘 활동을 해 봐요.

활동 방법

1. **색연필로 나의 모습을 꾸민다.**
   그림에 예수님과 어떤 어린이가 있어요. 누굴까요? 맞아요. 바로 나예요. 예수님과 손잡은 나를 멋지게 색칠해 주세요.
2. **빨대에 털실을 끼운다.**
   다 그린 어린이는 빨대에 털실을 끼워 주세요. 끼우기 어려운 친구는 선생님이 도와줄게요. 이 털실로 그림을 그릴 거예요. 어떻게 하는 건지 궁금하다고요? 기대하면서 잘 끼워 보세요.
3. **양면테이프의 비닐을 떼어낸 후 털실로 따라 그린다.**
   우리는 예수님이 보여 주신 사랑을 닮아서, 예수님처럼 많은 사람을 사랑하는 제자가 되어야 해요. 예수님의 사랑을 닮아가겠다는 마음으로, 하트에 있는 선을 따라 털실펜으로 천천히 그려 보세요.
4. **완성한 그림에 투명 시트지를 붙인다.**
   마지막으로 털실 그림에 투명 시트지를 꼼꼼히 붙이면 완성이에요.

   예수님은 자신을 따르는 제자들뿐만 아니라, 자신을 미워하는 사람들까지 모두 사랑하셨어요. 우리도 예수님처럼 주변의 모든 사람을 사랑하는 사람이 되어야 해요. 오늘 활동을 기억하면서, 예수님이 보여 주신 사랑을 닮아가는 여러분이 되길 바라요.
5. **기도로 마무리한다.**

활동 2 사랑을 받아랏!

오늘 말씀을 통해 예수님은 모든 사람을 사랑하셨다는 사실을 배웠어요. 예수님의 제자들뿐만 아니라, 자신을 미워하는 사람들까지요. 우리도 예수님처럼 사랑해야 해요. 다른 사람에게 내 사랑을 나눠 볼까요?

활동 방법

1. **하트 스티커 10개를 묶은 목걸이를 나누어 준다.**

   하트 스티커 목걸이를 하나씩 나눠 줄 테니 목에 잘 걸어 주세요.

2. **찬양에 맞춰 마음껏 몸을 움직이며 돌아다닌다.**

   이제 찬양이 나오면 마음껏 몸을 움직이며 돌아다닐 거예요. 찬양에 맞춰 율동을 하거나 나만의 춤을 춰도 좋아요. 친구들과 기차를 만들거나 원을 만들어 돌아도 좋고요. 단, 다른 사람에게 피해를 주어서는 안 되는 거 알죠?

3. **진행 교사가 찬양 중간에 호루라기를 불고 한 어린이의 이름을 부르거나 기타 특징을 제시한다. 어린이들은 해당하는 사람을 찾아 팔에 자신의 하트 스티커를 붙여 준다.** (총 10회)

   찬양 중간에 선생님이 호루라기를 불고 한 친구의 이름이나 다른 특징들(안경 쓴 사람, 머리카락을 묶은 사람, 흰 티를 입은 사람, 부장 선생님, 다섯 살 친구들 등)을 외칠 거예요. 그러면 그 친구에게 다가가 "사랑해!"라고 말하며 자기 스티커를 붙여 주세요. 그런데 약속할 게 있어요. 첫째, 스티커는 한 번에 한 사람에게만 붙일 수 있어요. 둘째, 스티커는 친구나 선생님의 팔에만 붙여야 해요. 두 가지 약속, 잘 지킬 수 있죠? 그럼 시작해 볼까요?

4. **모든 어린이가 스티커를 받으면 함께 찬양을 부르며 자리에 앉는다.**

   모두 참 잘했어요. 이제 함께 찬양을 부르면서 자리에 앉아 주세요.

   친구들과 서로 사랑을 담은 하트 스티커를 붙여 주니 어땠나요? 오늘은 나와 친한 친구뿐만 아니라, 그동안 서먹했던 친구나 선생님과도 사랑을 나눴어요. 예수님은 모든 사람을 아끼고 사랑하세요. 여러분 모두 예수님의 그런 사랑을 닮아가길 바라요. 그리고 주변 사람들에게 그 사랑을 꼭 실천하기를 소망해요.

5. **기도로 마무리한다.**

3 찬양하라

시편 34편 1절

작곡 : 이화익
편곡 : 이화익

언제 어디서나 하나님을 찬양하자

시편 기자는 찬양받기에 합당하신 하나님을 찬양하라고 수없이 말합니다(시 47:6~9, 68:19~20). 이 단원에서는 시편을 가사로 한 찬양을 함께 부르면서 우리가 언제 어떻게 하나님을 찬양해야 하는지를 배웁니다.

1과에서는 우리가 누구를 혹은 무엇을 찬양해야 하는지 알아봅니다. 야훼(YHWH)는 구약성경에서 이스라엘 백성이 하나님을 부르는 이름으로, 모음 없이 자음으로만 표기합니다. 그리고 직접 발음하는 것을 피하고자 '나의 주님'이라는 뜻의 아도나이(Adonai)라고 부르거나 '그 이름'이라는 뜻의 하셈(HaShem)으로 대체해 읽었습니다. 그래서 오늘날 하나님의 이름을 어떻게 발음해야 하는지 아는 사람이 없습니다. 이스라엘 백성은 감히 하나님의 이름을 발음하는 것조차 두려워했지만, 그 이름을 찬양하는 일을 멈추지 않았습니다. 이런 이유로 하나님은 많은 별칭으로 불렸습니다. 예를 들면, 엘로힘(Elohim), 여호와 이레(Jehovah-Jireh, 준비하시는 하나님), 여호와 삼마(Jehovah-Shammah, 함께하시는 하나님), 여호와 닛시(Jehovah-Nissi, 승리의 하나님), 여호와 라파(Jehovah-Rapha, 치료의 하나님), 여호와 샬롬(Jehovah-Shalom, 평강의 하나님) 등입니다. 이 과에서는 하나님 이름의 뜻을 기억하면서 찬양합니다.

2과에서는 찬양할 사람이 바로 '나'임을 배웁니다. 하나님께서 자기의 형상(Imago Dei)을 따라 사람을 지으신 까닭은 찬양받으시기 위함입니다. 만일 우리가 하나님 찬양하기를 멈추고 침묵하면 돌들이 소리쳐 찬양할 것입니다(눅 19:40하). 그러므로 살아 숨 쉬는 모든 것은 하나님을 찬양해야 합니다(시 150:6). 시편 57편 7절의 내용처럼, 나의 마음을 하나님께로 정하고 찬양하는 법을 배웁니다.

3과에서는 어떻게 무엇으로 하나님을 찬양해야 하는지 알아봅니다. 시편의 많은 시들은 표제에 현악기의 반주에 맞추어 노래하라고 쓰여 있습니다. 시편 150편에는 당시 사용한 여러 악기가 등장합니다. 나팔, 비파, 수금, 소고, 현악, 퉁소, 제금 등인데, 몇몇 악기는 지금도 여전히 사용하고 있습니다. 또한 우리의 목소리와 몸도 훌륭한 악기가 될 수 있습니다. 목소리로, 몸으로, 다양한 악기로 하나님을 찬양하는 경험을 합니다.

4과에서는 언제 얼마나 하나님을 찬양해야 하는지 살펴봅니다. 우리는 좋은 일이 있거나 기도할 일이 생겼을 때 찬양하는 데는 익숙합니다. 하지만 시편 기자는 평생토록, 즉 살아가는 동안 언제나 하나님을 찬양해야 한다고 강조합니다. 가톨릭 베네딕트 수도회의 사명은 '기도하고 일하라(라틴어로 Ora et labora)'라고 합니다. 그래서 그들은 하루에 7번씩 정해진 기도 시간에 하나님을 찬양합니다. 또한 감리교회의 창시자 존 웨슬리 목사님은 동생 찰스 웨슬리와 함께 신성클럽(Holy Club)을 만들어 규칙적으로 기도하고 성경을 읽었습니다. 그들의 한결같은 모습에 사람들은 그들을 '규칙쟁이(Methodist)'라는 별명으로 불렀고, 이는 후에 감리교회의 이름이 되었습니다. 어린 시절부터 이러한 신앙생활을 배우고 익혀 규칙적으로 실천하는 것은 매우 중요합니다. 이 과를 통해 평생토록 주님을 찬양하는 법을 깨달을 수 있습니다.

1 그분의 이름은?

배울 말씀 시편 68:3~4

새길 말씀 하나님께 노래하며 그의 이름을 찬양하라 … 그의 이름은 여호와이시니 그의 앞에서 뛰놀지어다 (시 68:4)

활동 1 암호를 풀어요

활동 내용	지면 활동	시간	20분	인원	
준비물	어린이용 교재, 색 펜, 풀				
목표	암호 속에 숨겨진 하나님의 여러 이름으로 찬양하게 한다.				
사전 준비와 TIP					

활동 2 하나님이 쏙!

활동 내용	만들기	시간	20분	인원	
준비물	어린이용 교재(스티커), 투명 테이프, 풀				
목표	다양한 모습으로 함께하시는 하나님을 찬양하게 한다.				
사전 준비와 TIP					

함께 기도해요

하나님, 하나님의 여러 이름을 부르며 찬양한 이스라엘 사람들처럼, 우리도 하나님을 기쁘게 하는 찬양을 드리고 싶어요. 언제나 하나님을 가까이 느끼며 힘차게 찬양하도록 우리를 인도해 주세요. 예수님의 이름으로 기도합니다. 아멘.

활동 1 암호를 풀어요

선생님은 '선생님'이라는 호칭 말고도 여러 다른 이름으로 불려요. 우리 친구들은 선생님이라고 부르지만, 조카들은 이모(삼촌), 그리고 선생님 부모님은 딸(아들)이라고 부르죠. 이렇게 호칭을 보면 그 사람에 대해 알 수 있어요. 그런데 하나님도 여러 다른 이름으로 불렸대요. 어떤 이름인지 한번 알아봐요.

활동 방법

1. **교재의 입모양 그림을 뜯어내 번호대로 붙인다.**
   여기 세 어린이가 있어요. 그런데 입 부분이 빈칸이네요. 입 모양 그림을 뜯어내 각 사람 입 부분에 붙여 주세요. 붙일 때는 번호를 잘 맞춰야 해요.

2. **암호 해독판을 이용해 암호를 푼다.**
   입을 붙이고 나니 다들 무언가 얘기를 하는 모습이에요. 그런데 무슨 말인지 암호로 되어 있어서 알 수가 없네요. 암호 해독판을 이용해 암호를 풀어서 빈칸을 채워 보세요.
   답 ① 별명 ② 감사 ③ 찬양

3. **입 그림을 펼쳐서 안쪽 글자를 확인한다.**
   다양한 별명으로 불리시고, 감사와 찬양을 드리는 우리 모습을 기뻐하시는 그분은 누구일까요? 맞아요. 바로 하나님이에요. 사람마다 부르는 이름은 달랐지만, 모두 하나님을 기억하며 찬양했어요. 교재에 있는 어린이들의 입을 열어 보세요. 각각 모습은 다르지만 모두 하나님을 찬양하고 있어요.

   우리도 하나님을 여러 모습으로 기억해요. 때로는 친구 같기도 하고, 때로는 우리를 지켜 주는 경찰관 같기도 해요. 이렇게 다양한 모습으로 우리를 만나 주시는 하나님을 느끼며, 감사의 마음을 찬양으로 표현하는 모두가 되기를 바라요.

4. **기도로 마무리한다.**

활동 2 하나님이 쏙!

오늘 말씀을 통해 하나님의 여러 이름을 살펴보았어요. 그 이름들에는 우리의 사랑의 마음이 담겨 있죠. 하나님의 다양한 이름을 기억하며 하나님을 찬양해 봐요.

활동 방법

1. **교재의 도안을 모두 뜯어낸 후 파란색, 노란색 종이에 스티커(꾸미기 스티커 포함)를 붙인다.**
   파란색, 노란색 도안에 어울리는 스티커를 붙여 꾸며 주세요. 이스라엘 백성이 생각한 하나님과 우리가 일상에서 느끼는 하나님의 모습을 생각하며 꾸밀 거예요. 파란색에는 달과 별, 양과 지팡이, 승리의 깃발과 두 손을 붙여 주세요. 노란색에는 안겨 있는 어린이, 약 봉투, 맞잡은 두 손을 붙여 주세요.

2. **두 종이를 붙여서 길게 만든다.**
   스티커를 다 붙였으면 두 종이를 붙여서 길게 만들어 주세요. 투명 테이프로 연결 부분을 한 번 더 단단하게 붙여 주세요. 그리고 접는 선을 따라 눌러 접어 주세요.

3. **지지대 도안을 말아 접고 풀로 단단하게 붙인다.**
   길쭉한 분홍색 사각형을 말아 접어서 기다랗고 납작한 막대처럼 만든 다음 풀로 붙이고 꼭꼭 눌러 주세요. 접는 선을 따라 접어 주면 양쪽 팔이 짧은 W 모양이 될 거예요.

4. **지지대 끝의 빗금 부분을 ②의 안쪽 빗금 부분에 맞춰 붙인다. 투명 테이프를 덧붙여 고정한다.**
   W 모양으로 접은 종이 막대를 파란색 종이 안쪽에 빗금끼리 맞춰 붙여주세요. 풀로 붙이고 나서 선생님에게 말하면, 투명 테이프로 더 단단하게 붙여 줄게요.

5. **지지대의 ∧ 부분에 '하나님' 카드를 접어 붙인다.**
   하나님의 이름이 적힌 카드를 반으로 접고 안쪽 붙이는 곳에 지지대를 잘 붙여 주세요.

6. **②의 풀칠 면을 붙여 육각기둥 모양이 되게 한다.**
   이제 양 끝을 붙여서 육각기둥 모양을 만들고 투명 테이프를 덧붙여 고정해 주세요.

7. **두 손으로 카드 가운데를 누르면 '하나님'이라는 글자가 튀어나온다.**
   두 손으로 카드 가운데를 눌러 납작하게 만들어 보세요. 그러면 짜잔~, 숨어 있던 '하나님'이라는 글자가 튀어나오네요. 카드 앞뒷면을 번갈아 누르면서 이스라엘 백성이 고백한 하나님의 모습과 우리가 느끼는 하나님의 모습이 어떻게 다른지 살펴봐요.

   이스라엘 백성이 부른 이름과 우리가 고백하는 하나님의 이름을 살펴보았어요. 다양한 이름으로 하나님을 기억하면서 함께하시는 그분을 찬양하는 어린이들이 되기를 축복해요.

8. **기도로 마무리한다.**

2 괜찮아요!

배울 말씀 시편 57:7~9, 150:6

새길 말씀 하나님이여 내 마음이 확정되었고 내 마음이 확정되었사오니 내가 노래하고 내가 찬송하리이다 (시 57:7)

활동 1 하나님이 함께해요

활동 내용	신체 활동	시간	20분	인원	
준비물	어린이용 교재(스티커), 색 펜, 솜털, 물결 골판지, 모루, 목공풀				
목표	어떤 상황에서도 함께하시는 하나님을 느끼게 한다.				
사전 준비와 TIP	① 그림에 눈, 코, 입을 그려 넣는 대신 어린이들의 사진을 붙여도 좋다. ② 협동 활동으로도 가능하다. 촉감길을 길게 만들어 다양한 미술 재료를 사용하고, 완성품들을 길게 이어 붙여서 각각의 촉감을 느껴 보게 한다. ③ 교사가 미리 촉감판을 만들어 제공해도 좋다. 9×18cm 크기의 판에 단추, 수수깡, 수세미 등 다양한 재료를 붙여 활용한다.				

활동 2 넘어지지 않아요

활동 내용	만들기	시간	20분	인원	
준비물	어린이용 교재(스티커), 풍선, 네임펜, 작은 구슬, 고무줄(이상 인원수대로)				
목표	어떤 상황에서도 하나님을 찬양할 수 있음을 알게 한다.				
사전 준비와 TIP	① 풍선 오뚝이로 사용할 풍선을 미리 만들어 둔다. 풍선 안에 구슬을 넣고, 구슬이 아래쪽에서 움직이지 않도록 고무줄로 고정한다. 풍선 입구를 벌려서 구슬이 안쪽으로 가도록 뒤집는다. 멜론 크기 정도로 불어 놓는다.				

함께 기도해요

하나님, 찬양하는 다윗의 모습을 통해 하나님께서 우리의 찬양을 얼마나 기뻐하시는지 알려 주셔서 감사해요. 우리와 언제나 함께하시는 하나님을 찬양하며 기억할래요. 기쁘거나 슬플 때, 어렵고 힘들 때도 하나님을 떠올릴 수 있게 해 주세요. 예수님의 이름으로 기도합니다. 아멘.

활동 1 하나님이 함께해요

기쁘고 즐거울 때뿐만 아니라 정말 위험하고 걱정스러운 상황에서도 하나님을 찬양한 사람이 있어요. 누구죠? 맞아요. 바로 다윗이에요. 하나님이 자기와 함께하시는 것을 분명히 알았기 때문이에요. 우리와도 언제나 함께하시는 하나님을 기억하며 함께 찬양해 봐요.

활동 방법

1. **선을 따라 모루, 물결 골판지, 솜을 목공풀로 붙인다.**
회색 그림들을 살펴보세요. 쌩쌩 몰아치는 바람, 출렁대는 파도, 펑펑 내리는 눈이 그려져 있어요. 이 위에 여기 있는 재료들을 붙여서 더 멋지게 만들어 볼 거예요. 바람은 모루로, 파도는 골판지로, 눈은 솜으로 표현해 봐요. 다른 재료들을 더 사용해도 좋아요.

2. **교재의 그림을 뜯어내 색 펜으로 눈, 코, 입을 그린다.**
교재의 그림을 잘 뜯어내 주세요. 아랫부분에 있는 두 개의 동그라미가 찢어지지 않게 조심해 주세요. 그런데 얼굴에 아무것도 그려져 있지 않네요. 하나님을 찬양하는 내 얼굴을 색 펜으로 그려 주세요.

3. **가슴에 하트 스티커를 붙인다.**
눈이 펑펑 내리고 바람이 쌩쌩 불어도 괜찮아요. 큰 파도가 몰려와도 괜찮아요. 그 어떤 상황에서도 하나님이 나와 함께하시면 괜찮아요. '하나님'이라고 쓰여 있는 하트 스티커를 찬양하는 내 가슴에 꼭 붙여 주세요.

4. **검지와 중지를 구멍에 끼워 움직인다.**
그림 아래쪽 두 개의 구멍에 두 번째, 세 번째 손가락을 끼워서 다리를 만들어 주세요. 그리고 두 손가락을 번갈아 움직이면서 앞으로 이동해요. 앞으로 걸어가는 모습 같나요?

5. **'괜찮아요' 찬양을 부르며 촉감길 위에서 움직인다.**
이제 아까 만든 촉감길 위를 걸어 봐요. 설교 시간에 부른 '괜찮아요' 찬양을 부르면서 움직여 보세요. 나와 언제나 함께하시는 하나님을 기억하고 찬양하면서 여러 가지 촉감을 느껴 보세요.

   하나님은 우리를 하나님과 닮은 모습으로 지으셨어요. 그리고 우리가 하나님을 기억하며 찬양하는 것을 정말 기뻐하신답니다. 한 주 동안 어디에나 우리와 함께 계시는 하나님을 기억하며 찬양하는 하나님의 기쁨이 되기로 약속해요.

6. **기도로 마무리한다.**

활동 2 넘어지지 않아요

다윗은 사울 왕에게 쫓기는 무서운 상황에서도 변함없이 하나님을 찬양했어요. 우리 역시 언제나 어디서나 하나님을 기억하며 찬양할 수 있어요. 다윗처럼 쓰러지지 않고 다시 일어나 하나님을 찬양하는 내 모습을 만들어 봐요.

활동 방법

1. **얼굴 스티커에 네임펜으로 자기 얼굴을 그린다.**

   찬양을 부르는 어린이 스티커가 있어요. 그런데 얼굴 부분이 텅 비어 있네요. 신나게 찬양하는 내 얼굴을 네임펜으로 그려 주세요. 머리카락도 그리고 색칠해 주세요.

2. **①을 몸통 스티커와 함께 풍선에 붙인다.**

   다 그렸나요? 그럼 선생님이 주는 풍선에 잘 붙여 주세요. 붙일 때는 여기 있는 몸통 스티커와 잘 이어지게 붙여 주세요.

3. **완성한 오뚝이를 손으로 밀면서 넘어졌다가 일어나는 모습을 관찰한다.**

   완성한 풍선 오뚝이를 손으로 밀어서 넘어뜨려 보세요. 넘어져도 금방 원래대로 일어나는 모습이 오늘 말씀에 나온 다윗 같아요. 사울을 피해 도망 다니면서도 다시 일어나 하나님을 기억하며 찬양하던 모습 말이에요. 이렇게 하나님을 바라보면 언제든 찬양할 수 있어요. 오뚝이를 보며 다시 일어서는 내 모습을 상상해 봐요.

   넘어져도 다시 일어나는 오뚝이처럼, 어떤 어려운 상황에서도 나와 함께하시는 하나님을 기억하며 힘을 내길 바라요. 하나님께서 찬양하며 다시 일어서는 우리 모습을 기뻐하시며, 그 어려움을 함께 해결해 주실 거예요.

4. **기도로 마무리한다.**

3 마음의 준비

배울 말씀 시편 150:1~6

새길 말씀 그의 능하신 행동을 찬양하며 그의 지극히 위대하심을 따라 찬양할지어다 (시 150:2)

활동 1 악기 장난감

활동 내용	만들기	시간	20분	인원	
준비물	어린이용 교재(스티커), 종이컵, 나무젓가락, 아이스크림 막대(너비 1cm), 색 펜, 철제 뚜껑(과일음료 병 뚜껑, 지름 4cm), 머리 고무줄(3cm) 3개, 악기 소리 음원(작은북, 피아노, 기타), 투명 테이프				
목표	다양한 악기 소리를 탐색하며, 마음을 드리는 찬양이 무엇인지 알게 한다.				
사전 준비와 TIP	① 음료 뚜껑은 1~2주 전에 미리 공지하여 가정에서 가져오게 하거나, 전 주일에 간식으로 제공해 확보해 놓는다. ② 음원으로 각각의 악기 소리를 듣고 나서, 합주하는 영상을 보는 것도 좋다.				

활동 2 마음 모아 찬양해요

활동 내용	과학 활동	시간	20분	인원	
준비물	어린이용 교재(스티커), 15인치 하트 풍선(1인당 1개), 요구르트 통(1인당 3개), 작은 곡식(또는 작게 자른 수수깡이나 빨대, 1인당 3개), 집게, 대야, 뜨거운 물				
목표	마음 풍선을 만들어 연주하며 마음을 모아 찬양하게 한다.				
사전 준비와 TIP	① 요구르트 통은 1~2주 전에 미리 공지하여 가정에서 가져오게 하거나, 전 주일에 간식으로 제공해 확보해 놓는다. ② 하트 모양 풍선 대신 하트 무늬 풍선도 무방하다. 멜론 크기 정도로 불어 놓는다. ③ 80도 정도의 온수를 준비한다. 온도를 유지하기 위해 전기포트에 물을 끓여 둔다. 화상 등 안전에 유의한다. 보건교사와 함께 진행한다. ④ 어린이들에게 익숙한 찬양이나 다양한 악기 소리가 등장하는 찬양을 부른다.				

함께 기도해요

하나님, 마음을 모아 최선을 다해 하나님을 찬양하게 해 주세요. 찬양하는 내 모습을 떠올리며 기쁨으로 준비하고 싶어요. 마음과 생각과 모든 것을 담아 하나님께 드리는 우리의 찬양을 받아 주세요. 예수님의 이름으로 기도합니다. 아멘.

활동 1 악기 장난감

오늘 말씀을 통해 이스라엘 사람들이 하나님을 찬양할 때 사용했던 악기뿐만 아니라, 지금 우리 주변에서 볼 수 있는 다양한 악기들도 만나 봤어요. 다양한 악기로 최고의 연주를 준비하는 모습은 참 아름답고 멋져요. 우리도 악기를 만들어 연주에 참여해 볼까요?

활동 방법

1. **교재의 도안을 뜯어내 피아노를 만든다.**
   교재의 그림들을 뜯어내 피아노를 만들어요. 그리고 선생님과 작은북과 기타도 만들어요.
2. **피아노 건반 그림을 접은 뒤 번호 순서대로 고정판에 붙인다.**
   피아노 건반 그림을 바깥쪽으로 접은 후 양 끝의 칸이 서로 겹치게 붙여서 상자처럼 만들어 주세요. 접는 선을 따라 건반의 양쪽 옆면을 안쪽으로 접어 주면 모래시계 모양이 돼요. 나머지 그림들도 같은 방법으로 접어 순서대로 고정판에 붙여서 완성해요.
3. **종이컵과 나무젓가락에 스티커를 붙여 작은북을 만든다.**
   먼저 작은북을 만들어요. 종이컵에 세모 스티커를 붙이고, 색 펜으로 그림을 그려 주세요. 그리고 나무젓가락을 두 개로 쪼갠 다음 기다란 스티커로 돌돌 감아서 북채도 만들어 주세요.
4. **철제 뚜껑에 고무줄을 고정하고, 나무막대를 붙여 미니 기타를 만든다.**
   철제 뚜껑과 나무막대로 미니 기타를 만들어요. 먼저 철제 뚜껑에 고무줄 3개를 걸어서 기타 줄을 만들고, 줄이 고정되도록 뚜껑 바닥면과 고무줄이 만나는 부분을 테이프로 단단히 붙여요. 그런 다음 이것을 나무막대 한쪽 끝에 붙여서 기타 모양을 만들어요. 마지막으로 동그란 스티커로 감싸 고정하고, 기타 줄이 지나가는 부분도 스티커로 꾸며 주세요.
5. **악기 소리 음원을 들으면서 해당 악기를 연주한다.**
   우리가 만든 악기들은 실제로 어떤 소리가 날까요? 선생님이 들려주는 소리를 듣고 함께 연주해 봐요. (피아노 소리를 들려주며) 어떤 악기 소리일까요? 하나님이 주신 예쁜 두 손으로 연주하는 피아노예요. 우리도 장난감 피아노에 손을 올리고 연주하듯 눌러 봐요. (작은북은 나무젓가락을 양손에 잡고 두드리고, 기타는 고무줄을 튕기며 연주한다.)
6. **여러 악기로 합주하는 찬양을 들으며 자유롭게 찬양한다.**
   다양한 악기뿐만 아니라 나의 몸과 목소리로도 하나님을 찬양할 수 있어요. 마음을 담은 우리의 찬양을 하나님이 정말 기뻐하신답니다. 여러 소리가 모여 아름다운 음악을 만드는 것처럼, 다양한 악기와 함께 내 마음을 모아서 하나님을 찬양하는 한 주를 살아가길 바라요.
7. **기도로 마무리한다.**

활동 2 마음 모아 찬양해요

오늘 설교 말씀을 통해 하나님께 드리는 최고의 연주를 위해 마음을 모아 열심히 준비하는 악기들의 모습을 살펴보았어요. 우리도 마음을 모아 하나님께 아름다운 연주를 드려요.

활동 방법

1. **뜨거운 물에 담가두었던 요구르트 통을 하트 풍선에 붙인다.**
   하트 풍선은 우리를 향한 하나님의 사랑이에요. 여기에 요구르트 통을 붙일 거예요. 풀이나 테이프 없이도 붙일 수 있는 간단한 방법을 알려 줄게요. 이렇게 요구르트 통을 뜨거운 물에 담갔다가 집게로 꺼낸 다음 입구에 풍선을 대고 10초를 셀 거예요. 정말 신기하겠죠?

2. **요구르트 통이 달라붙는 원리를 간단히 설명한다.**
   비록 눈에 보이지는 않지만, 우리 주변에는 공기가 있어요. 요구르트 통 속에도 있죠. 요구르트 통을 뜨겁게 해서 안쪽 공기가 따뜻해지면 움직임이 아주 활발해져요. 이 상태에서 풍선의 차가운 공기를 만나면 변화가 일어나면서 풍선을 빨아들이는 거예요.

3. **요구르트 통에 작은 곡식을 넣고 하트 풍선을 붙인다.**
   요구르트 통을 물에 담갔다가 하나씩 앞쪽에 놓아 주고, 선생님이 작은 곡식을 넣어 줄게요. 여러분은 통을 건드리지 말고 뜨거운 공기가 식기 전에 재빨리 하트 풍선에 붙여 주세요. 요구르트 통 입구에 풍선을 대고 10초 동안 기다리는 거예요. 한 사람당 세 개씩 만들 거예요. 할 수 있겠죠?

4. **요구르트 통과 풍선을 스티커로 꾸민다.**
   악기 스티커로 요구르트 통과 풍선을 꾸며 주세요. 어린이 스티커 한 개와 악기 스티커 두 개를 골라 요구르트 통에 하나씩 붙이고, 나머지 스티커로는 자유롭게 풍선을 꾸며 주세요.

5. **완성한 하트 풍선을 흔들면서 함께 찬양한다.**
   하트 풍선을 흔들어 보세요. 여러 악기와 우리가 한마음으로 찬양하는 것처럼, 요구르트 통에 든 작은 곡식들이 서로 부딪치면서 소리를 내요. 박자에 맞춰 흔들며 함께 찬양해요.

   풍선으로 악기를 만들기 위해 필요한 준비물과 순서가 있는 것처럼, 하나님께 찬양을 드리기 위해서도 먼저 준비가 필요해요. 바로 우리 찬양을 기뻐하시는 하나님을 기억하는 일이에요. 한 주 동안 하나님을 기억하며 최선의 것으로 하나님을 찬양하는 어린이들이 되길 바라요.

6. **기도로 마무리한다.**

4 언제나 찬양해요

배울 말씀 시편 146:1~2

새길 말씀 나의 생전에 여호와를 찬양하며 나의 평생에 내 하나님을 찬송하리로다 (시 146:2)

활동 1 찬양하라

활동 내용	만들기	시간	20분	인원	
준비물	어린이용 교재(스티커), 색 펜				
목표	찬양에 관해 3주간 배운 내용을 정리하며 되새기게 한다.				
사전 준비와 TIP					

활동 2 언제나 하나님만!

활동 내용	신체 활동	시간	20분	인원	8명
준비물	교사용 교재, 4절 하드보드지, 흰색 융지, 마스킹 테이프(검정, 너비 2cm), 까슬이, 어린이 튜브 2개				
목표	노래뿐만 아니라 생각과 행동으로도 언제나 찬양할 수 있음을 알게 한다.				
사전 준비와 TIP	① 하드보드지 앞면을 흰색 융지로 감싸거나 벨크로 하드보드를 구매한다. 세로로 세운 판에 마스킹 테이프로 5개의 줄을 붙여 오선지를 만든다. 이때 위아래에 각각 7cm의 여분을 두고, 각 줄의 간격은 10.5cm로 한다. ② 교사용 교재의 글자 음표 그림들을 뜯어내 뒷면에 까슬이를 붙인다. ③ 어린이들의 나이와 키를 고려해 ①에서 만든 게임판을 바닥에서 100~120cm 높이 벽에 고정하고, 바닥에는 ②를 흩어 둔다. ④ 게임판에서 2.5~3m 떨어진 곳에 마스킹 테이프로 출발선을 표시하고, 그 옆에 튜브를 둔다. ⑤ 활동 동선에 안전 매트를 깔아두면 좋다. ⑥ 활동 인원이 8명보다 많거나 적은 경우, 교사용 교재의 그림을 복사하여 인원수에 맞게 준비하거나 1인당 2개씩 붙인다.				

함께 기도해요

하나님, 말씀에서 배운 다양한 모습으로 우리도 찬양하고 싶어요. 하나님을 기억하며 마음을 다해 드리는 우리의 찬양을 기쁘게 받아 주세요. 그리고 평생 하나님을 찬양하며 하나님 안에서 자라나는 모두가 되게 인도해 주세요. 예수님의 이름으로 기도합니다. 아멘.

활동 1 찬양하라

'찬양하라'라는 말로 사행시를 지으면서 지난 3주 동안 배운 찬양에 관한 내용을 정리해 보았어요. 이번에는 사행시로 된 글자책을 만들면서 한 번 더 기억해 봐요.

활동 방법

1. **교재의 카드를 뜯어내 접는 선대로 접는다.**
   교재에 있는 카드를 뜯어내 접는 선대로 접어 보세요. 뒷면의 도형을 확인하여 같은 도형끼리 포개지도록 접어요. 이렇게 하면 '찬양하라'라는 글자가 적혀 있는 글자책을 만들 수 있어요.
2. **색 펜으로 자기 이름을 적고 '찬양하라'라는 글자를 따라 쓴다.**
   빈칸에 색 펜으로 자기 이름을 쓰세요. 그리고 '찬양하라'라는 글자를 따라 써 보세요.
3. **글자책을 위로 당겨 펼치고 스티커를 붙인다.**
   글자책 제일 윗부분에 있는 '찬'이라는 글자를 잡고 위로 당겨 보세요. 책이 펼쳐지면서 설교 시간에 배운 사행시 내용이 나와요. 글자와 그림을 함께 보며, 그림자에 맞는 스티커를 찾아 붙여 주세요.

   찬양은 멜로디가 있는 노래로만 할 수 있는 게 아니에요. 하나님을 기억하며 마음을 담아 드리는 모든 것이 찬양이에요. 한 주간 집에서도 오늘 만든 글자책을 보며 하나님을 찬양하는 시간을 가져 보세요. 우리의 찬양을 하나님께서 기뻐하실 거예요.
4. **기도로 마무리한다.**

활동 2 언제나 하나님만!

어린이 여러분, 오늘은 '찬양하라'라는 사행시를 통해 마음을 담아 하나님을 기억하는 찬양의 모습을 살펴보았어요. 게임을 하면서 한 번 더 말씀을 기억해요.

활동 방법

1. **전체 인원을 주황팀과 초록팀으로 나눈다.**

   주황팀과 초록팀, 이렇게 두 팀으로 나눌 거예요. 선생님 말씀을 잘 듣고 자기가 어느 팀인지 기억해서 팀별로 앉아 주세요.

2. **팀별로 한 명씩 출발해 바닥에 있는 음표 그림 중 자기 팀 색깔 음표를 하나 택해 게임판에 붙인다. 이동할 때는 튜브 안에 두 발을 넣은 채 종종걸음으로 움직인다.**

   저 앞쪽 바닥에 음표 그림들이 흩어져 있어요. 각각에는 '찬', '양', '하', '라', 이렇게 네 글자 중 하나가 쓰여 있죠. 각 팀에서 한 사람씩 얼른 가서 음표 중에 하나를 선택한 다음 벽에 있는 게임판에 붙이는 거예요. 그런데 중요한 게 있어요. 음표의 색이 달라요. 그러니 자기 팀 색을 잘 찾아야겠죠? 그리고 이동할 때는 튜브 안에 두 발을 넣은 채 펭귄처럼 종종걸음으로 가야 해요. 빨리 가는 것도 좋지만, 중간에 넘어지지 않게 조심히 가는 것도 중요하답니다.

3. **팀별로 키와 점프력을 고려해 각자 붙일 위치를 정하고, 각 칸에 자기 팀 음표가 한 개씩 들어가게 붙인다.**

   게임판에 음표를 붙이는 방법이 있어요. (손으로 각 칸을 가리키며) 여기 4개의 칸에 각각 자기 팀 음표를 하나씩 붙여야 해요. 그러니 팀별로 점프를 잘하는 어린이, 키가 큰 어린이 등 각자의 장점을 살려서 누가 어느 칸에 붙일지 의논해서 정해 보세요.

4. **한 사람씩 출발해 릴레이로 활동한다. 4개의 음표를 더 빨리 붙인 팀이 승리한다.**

   이제 팀별로 한 사람씩 나와서 출발선에 서 주세요. 선생님이 "출발!"이라고 외치면 얼른 가서 내가 맡은 칸에 음표를 붙이고 돌아와 다음 팀원과 하이 파이브를 하는 거예요. 그래야 다음 사람이 출발할 수 있어요. 만약 내 칸에 붙이지 못했으면, 음표를 다시 바닥에 내려놓고 출발선으로 돌아와 맨 뒤에 서서 기다려 주세요. 네 음표를 각 칸에 먼저 붙인 팀이 승리하는 거예요. 그럼 시작해 볼까요?

   모두 잘했어요. 노래로 하는 것만 찬양이 아니에요. 나의 마음과 생각을 담은 행동도 찬양이 될 수 있어요. 지금처럼 두 발로 높이 뛰면서 기쁨을 표현할 수도 있죠. 여러분의 하루하루가 이렇게 하나님이 기뻐하시는 찬양으로 가득 채워지길 축복해요.

5. **기도로 마무리한다.**

4 모이라

마태복음 18장 20절

작곡 : 이화익
편곡 : 이화익

하나님의 말씀을 듣기 위해 모이자

스위스 출신의 기독교 상담학자 폴 투르니에는 "혼자서는 할 수 없는 것이 둘 있다. 하나는 결혼이고, 다른 하나는 그리스도인이 되는 것이다."라고 했습니다. 교회는 처음부터 모이는 공동체였습니다. 그리스도인의 공동체인 교회는 결코 혼자서 만들 수 없고, 함께 모일 때에만 존재 의미가 있습니다. 그러므로 어떤 이유에서든 교회(공동체)와 우리 신앙의 거리가 벌어지거나 나와 하나님 사이의 영적 거리가 멀어져서는 안 됩니다.

1과에서는 왜 우리가 모여야 하는지, 즉 모이는 이유에 관해 배웁니다. 종종 교회에 오는 이유를 목사님, 선생님, 부모님, 친구 등 사람에게서 찾는 이들이 있습니다. 물론 나쁜 것은 아닙니다. 그러나 교회에 모이는 본래 목적은 하나님의 말씀을 듣기 위함입니다. 이 과의 본문은 바울과 바나바가 비시디아의 안디옥에서 하나님의 말씀을 전한 이야기입니다. 이는 1차 전도 여행 중에 있었던 일로, 그들은 이방 지역에 세워진 최초의 교회인 수리아의 안디옥 교회가 처음으로 파송한 선교사였습니다. 바울과 바나바는 안식일에 비시디아 안디옥의 유대인들에게 하나님의 말씀과 예수 그리스도를 전했고, 다음 안식일에는 도시의 모든 사람이 하나님의 말씀을 듣기 위해 회당(예배당)으로 모여들었습니다. 이 사건을 통해 교회에 모이는 근본적인 이유를 분명히 깨닫게 됩니다.

2과에서는 모임의 조건에 관해 살펴봅니다. 예수님은 두세 사람이 모인 곳에 함께하겠다고 약속해 주셨습니다. 그런데 여기에는 조건이 있습니다. 바로 예수님의 이름으로 모여야 한다는 것입니다. 개인적인 욕심이나 이익을 위해서라면 아무리 많은 사람이 모였다 해도 예수님은 그곳에 계시지 않습니다. 예수님의 이름으로 또는 예수님 때문에 모여야 그곳에서 예수님의 임재와 동행을 경험할 수 있습니다.

그렇다면 우리는 언제 얼마나 자주 모여야 할까요? 초대 교회 처음 신앙인들은 날마다 성전에 모여 예배하고, 집에서 공동식사를 하면서 하나님을 찬양했습니다. 3과에서는 주님의 이름으로 모이는 것은 주일에만 한정된 일이 아님을 배웁니다. 다른 나라들과 달리 한국교회는 모이는 것을 참으로 좋아하고 잘합니다. 매일 새벽은 물론, 평일 낮과 저녁에도 속회, 성경 공부 모임, 찬양예배, 철야예배 등 여러 이름으로 모이기에 힘씁니다. 이런 훌륭한 전통이 어린이들에게도 익숙해져야 합니다. 현실적으로 날마다 모이기는 어렵더라도, 교회에 오는 것이 즐겁고 기쁜 일이 되어야 합니다.

4과에서는 어디에서 모여야 하는지를 알아봅니다. 오늘날 대부분의 예배와 모임이 교회에서 이루어집니다. 하지만 세상에는 여전히 교회가 없는 곳이 많습니다. 우리나라도 처음 기독교가 전래되었을 당시에는 선교사가 들어온 서울, 평양, 인천 등 대도시에만 교회가 있었습니다. 그러나 교회가 세워지지 않은 곳에서도 예수 그리스도의 이름을 부르는 이들의 모임은 끊이지 않았습니다. 그들은 집에서, 때로는 광장에서 모였습니다. 요한복음에 기록된 처음 그리스도인들처럼, 우리는 언제 어디서나 주님의 이름으로 모이기를 힘써야 합니다.

1 또, 또 들려주세요!

배울 말씀 사도행전 13:13~16, 42~44

새길 말씀 그 다음 안식일에는 온 시민이 거의 다 하나님의 말씀을 듣고자 하여 모이니 (행 13:44)

활동 1 말씀을 향해

활동 내용	길찾기	시간	20분	인원	
준비물	어린이용 교재(스티커), 필기도구				
목표	말씀을 듣기 위해 모인 안디옥 사람들 이야기를 기억하게 한다.				
사전 준비와 TIP					

활동 2 모두 모여라!

활동 내용	보드게임	시간	20분	인원	5~6명
준비물	어린이용 교재				
목표	교회는 하나님 말씀을 듣기 위해 모이는 곳임을 알게 한다.				
사전 준비와 TIP	① 어린이용 교재의 놀이판과 카드(5개)를 모두 뜯어낸다. ② 2~4명씩으로 팀을 나눈다. ③ 각자 놀이판을 하나씩 나눠 주고, 팀원 전체의 인물 카드를 모두 섞어 뒷면이 보이도록 중앙에 펼쳐 둔다.				

함께 기도해요

사랑의 하나님, 우리에게 하나님 말씀을 주셔서 감사해요. 말씀을 들을 때마다 우리 안에 기쁨과 감동이 가득하게 해 주세요. 그래서 말씀을 듣고 예수님의 멋진 제자로 성장할 수 있게 도와주세요. 예수님의 이름으로 기도합니다. 아멘.

활동 1 말씀을 향해

안디옥 사람들은 바울이 전해 준 예수님의 말씀을 듣고 정말 기뻤어요. 그래서 바울에게 다음 주에도 또 들려 달라고 했죠. 일주일 뒤 안디옥의 온 마을 사람들이 말씀을 들으러 모였답니다. 그들의 마음이 어땠을지 상상하며 그 길을 따라가 봐요.

활동 방법

1. **그림 속 네 사람이 모두 교회에 도착하도록 길을 찾는다.**
   여기는 안디옥 마을이에요. 네 사람이 말씀을 들으러 교회에 가려고 해요. 어느 길로 가면 도착할 수 있을까요? 알맞은 길을 찾아 네 사람을 교회로 인도해 주세요. 같은 색 칸에 도착하도록 연결해야 해요.

2. **말씀을 듣고 변화된 사람들 스티커를 붙인다.**
   모두 도착했나요? 여러분 덕분에 이 사람들이 예수님 말씀을 들을 수 있게 되었네요. 말씀을 들은 사람들은 어떤 표정을 지었을까요? 스티커를 붙이면서 그들이 얼마나 좋아하고 기뻐했는지 느껴 보세요.

3. **뒷면에 있는 질문에 답하고, '말씀'이라는 글자를 따라 쓴다.**
   잘했어요. 그러면 이제 선생님의 질문에 답해 보세요. 예수님의 제자가 되기 위해 우리에게 꼭 필요한 것은 무엇인가요? 맞아요. 바로 말씀이에요. 오늘 배운 안디옥 사람들 이야기를 기억하면서 '말씀'이라는 글자를 따라 써 봐요.

   예수님을 믿고 따르는 사람에게는 언제나 말씀이 필요해요. 말씀은 용기와 지혜를 주고, 하나님의 사랑을 가르쳐 주니까요. 숲속의 맑은 샘물처럼, 우리에게 꼭 필요한 것을 채워 준답니다. "또, 또 들려주세요!" 하면서 말씀을 찾고 기다린 안디옥 사람들처럼, 여러분도 언제나 말씀 듣기를 기대하고 기다리는 어린이가 되기를 바라요.

4. **기도로 마무리한다.**

활동 2 모두 모여라!

여러분, 바울이 전해 준 예수님의 말씀을 듣고 안디옥 사람들이 뭐라고 했죠? 맞아요. "다음 주에도 또 들려주세요!"라고 했어요. 말씀 듣는 것이 정말 즐겁고 행복했기 때문이에요. 그래서 그다음 주에는 말씀을 듣기 위해 온 마을 사람들이 모였답니다. 오늘 배운 이야기를 기억하며 우리도 말씀 들을 사람들을 모아 봐요.

활동 방법

1. **놀이 개요를 설명하고 순서를 정한다.**
   선생님이 나눠 준 놀이판을 보세요. 다섯 명의 얼굴이 있죠? 이 사람들이 말씀을 들을 수 있도록 모두 불러 모아야 해요. 가운데에 있는 카드를 하나씩 뒤집어서 자기 놀이판에 모으는 거예요. 그럼 누가 먼저 시작할지 순서를 정해 봐요.

2. **한 사람씩 차례대로 인물 카드를 뒤집는다. 아직 모으지 못한 사람이 나오면 가져오고, 이미 모은 사람이 나오면 뒤집어서 원래 있던 자리에 둔다.**
   순서대로 한 명씩 가운데에 있는 카드를 하나 뒤집어 주세요. 아직 모으지 못한 사람이 나오면 가져와서 자기 놀이판의 같은 그림 위에 놓아요. 만약 이미 모은 사람이 나오면 뒤집어서 원래 있던 자리에 두세요. 다섯 사람을 모두 모으려면 다른 사람이 뒤집을 때도 잘 보고 기억해야겠죠?

3. **5명을 모두 모으면 성공이다. 모든 어린이가 놀이판을 완성할 때까지 반복한다.**
   말씀 듣는 자리에 빠지는 사람이 없도록 다섯 명을 모두 모아 주세요. (활동 후) 벌써 다 모은 사람이 있네요. 축하해요. 다섯 명을 모두 모은 사람은 이제 친구들을 응원해 주세요. 아직 못 모은 사람들도 끝까지 포기하지 말고 도전해 주세요.

   모두 잘했어요. 바울을 통해 예수님의 말씀을 들은 안디옥 사람들은 그다음 주에 이웃을 모두 데려왔어요. 그래서 예수님의 말씀이 안디옥 온 마을에 퍼지게 되었답니다. 이제 여러분도 이웃과 친구들에게 말해 보세요. "우리 함께 모여서 말씀 듣자!" 그래서 예수님의 말씀이 우리가 사는 마을에도 가득해지기를 진심으로 바라요.

4. **기도로 마무리한다.**

2 예수님의 이름으로 모여라!

배울 말씀 마태복음 18장 19~20절

새길 말씀 두세 사람이 내 이름으로 모인 곳에는 나도 그들 중에 있느니라 (마 18:20)

활동 1 예수님의 이름

활동 내용	지면 활동	시간	20분	인원	
준비물	어린이용 교재(스티커), 필기도구				
목표	예수님의 이름으로 모여서 할 수 있는 일들을 알게 한다.				
사전 준비와 TIP					

활동 2 예수님의 이름으로

활동 내용	신체 활동	시간	20분	인원	5~6명
준비물	종이상자, 종이컵(1인당 1개), 나무젓가락(2인당 1개), 테이프, 탁구공(또는 볼풀공)				
목표	예수님의 이름으로 함께 마음을 모으는 연습을 하게 한다.				
사전 준비와 TIP	① 종이컵 바깥쪽 옆면에 테이프로 나무젓가락을 세워 붙여서 손잡이를 만든다. 이때 나무젓가락이 종이컵 아래로 길게 나오도록 붙인다. 인원수대로 준비한다. ② 뚜껑이 없는 넓은 종이상자 안쪽에 예수님 그림(설교 PPT)을 인쇄해 붙인다. ③ 종이상자 주변에 탁구공을 흩어 놓는다. 2명 기준 4~5개 이상 준비한다.				

함께 기도해요

예수님, 우리에게 소중한 약속을 주셔서 감사합니다. 그리고 언제나 우리와 함께해 주셔서 고맙습니다. 예수님을 생각하며, 예수님을 향한 마음으로 언제나 함께 모이기를 힘쓰는 어린이가 될게요. 우리 모습을 기쁘게 받아 주세요. 예수님의 이름으로 기도합니다. 아멘.

활동 1 예수님의 이름

예수님의 이름으로 모이는 사람들과 언제나 함께해 주겠다고 예수님이 약속하셨어요. 여러분도 예수님과 함께하고 싶다면, 꼭 예수님의 이름을 기억하며 모여야 해요. 그럼 우리는 예수님의 이름으로 모여서 어떤 일들을 할 수 있을까요? 함께 알아봐요.

활동 방법

1. **'예수님'이라는 글자를 따라 쓰며 익힌다.**
   예수님의 이름으로 모이기 위해서는 먼저 예수님의 이름을 배우고 기억해야겠죠? 교재에 '예수님'이라는 글자가 쓰여 있어요. 번호 순서대로 한 자 한 자 따라 쓰며 기억해 보세요.
2. **네 가지 상황을 살펴보며 '예수님'을 반복해 따라 쓴다.**
   그림의 아이들이 무엇을 하고 있나요? 함께 모여서 말씀을 전하고 있네요. 또 함께 모여서 찬양을 하고 있어요. 함께 모여 친구를 도와주는 모습도 있고, 함께 음식을 나눠 먹는 모습도 있어요. 모두 예수님의 이름으로 모여서 할 수 있는 일들이에요. 그림을 자세히 살펴보면서 '예수님'이라고 따라 써 보세요.
3. **각 상황에 예수님 스티커를 붙인다.**
   여러분, 오늘 배운 예수님의 약속이 무엇이었죠? 맞아요. 예수님의 이름으로 모인 곳에는 예수님이 함께하신다. 그럼 이 말씀대로 예수님이 여기 모인 모두와 함께하시겠죠? 어린이들이 모인 곳에 예수님 스티커를 붙여 주세요.

   모두 잘했어요. 여러분도 언제든 예수님의 이름으로 모일 수 있어요. 그리고 예수님을 향한 마음으로 모인다면 예수님과 함께, 이웃과 함께 아름답고 멋진 일을 할 수 있죠. 항상 예수님의 이름으로 모이기를 힘쓰는 여러분이 되기를 바라요.
4. **기도로 마무리한다.**

활동 2 예수님의 이름으로

예수님은 두세 사람이 예수님 이름으로 모이는 곳에 함께 있겠다고 말씀하셨어요. 여러분도 예수님의 이름으로 모일 준비가 됐나요? 함께 놀이하면서 예수님을 향한 마음을 모아 봐요.

활동 방법

1. **두 사람씩 짝을 짓는다.**
   앞쪽에 있는 종이상자 주변에 탁구공이 흩어져 있죠? 우리의 흩어진 마음 같아요. 지금부터 우리의 흩어진 마음을 예수님을 향해 모아 봐요. 그런데 혼자서는 할 수 없어요. 짝꿍이 필요해요. 두 사람이 짝이 되어서 종이컵으로 공을 옮겨야 해요.
2. **짝꿍과 함께 서로 맞댄 종이컵 안에 탁구공을 넣어 상자로 옮긴다.**
   모두 준비됐나요? 선생님이 "시작!"이라고 외치면 짝꿍과 함께 탁구공을 종이컵으로 옮겨서 예수님 상자에 넣어 주세요. 두 사람이 종이컵을 맞대 하나의 공을 옮겨야 해요. 중간에 혼자서 마음대로 움직이면 안 돼요. 서로 맞댄 입구가 벌어지면 탁구공이 떨어져 버리니까요. 침착하게 두 사람의 마음을 하나로 모아 보세요. 그럼, 시작!
3. **짝을 바꾸어 두세 번 반복한다.**
   이제 조금 익숙해졌나요? 짝을 바꾸어 다시 도전해 봐요.
4. **열심히 참여한 어린이들을 격려한다.**
   모두 잘했어요. 이렇게 두 사람이 마음 모으기를 계속 노력하고 연습하면, 앞으로 더 많은 사람과도 할 수 있어요. 예수님을 생각하고 바라보며 모이는 사람들과 예수님도 언제나 함께하실 거예요.

   예수님의 이름으로 모여서 또 무엇을 할 수 있을까요? 무슨 일이든 우리가 함께 모여서 예수님을 생각하고 행동하면, 예수님은 기쁘게 받아 주신답니다. 언제 어디서나 예수님의 이름을 생각하며 모이는 어린이들이 되기를 바라요.
5. **기도로 마무리한다.**

3 매일매일 모이자!

배울 말씀 사도행전 2장 43~47절

새길 말씀 날마다 마음을 같이하여 성전에 모이기를 힘쓰고 (행 2:46상반절)

활동 1 은영이의 일기

활동 내용	지면 활동	시간	20분	인원	
준비물	어린이용 교재(스티커), 교회 주보				
목표	매일 교회에 모여서 함께 할 수 있는 일들을 알게 한다.				
사전 준비와 TIP					

활동 2 매일매일 교회

활동 내용	만들기	시간	20분	인원	
준비물	어린이용 교재, 다양한 색칠 도구, 접착식 고무자석				
목표	매일 예수님의 이름으로 모이는 어린이가 되게 한다.				
사전 준비와 TIP	① 교재의 교회와 어린이 그림을 뜯어 놓는다.				

함께 기도해요 사랑의 하나님, 우리에게 날마다 함께할 수 있는 친구들을 주셔서 참 감사합니다. 우리가 함께 모여 예수님을 위해 무엇을 할 수 있을지 생각하게 해 주세요. 예수님을 위해 언제나 함께하는 우리 교회가 되게 해 주세요. 예수님의 이름으로 기도합니다. 아멘.

활동 1 은영이의 일기

할머니와 함께 교회에 간 은영이는 매일매일 교회에 갈 수 있어서 너무 기뻤어요. 매일매일 친구들, 선생님과 함께 즐거운 시간을 보냈답니다. 은영이가 교회에서 어떤 일들을 했는지 함께 살펴봐요.

활동 방법

1. **교사가 읽어 주는 은영이의 일기 내용을 듣고, 알맞은 스티커를 찾아 붙인다.**
   은영이는 교회에 다녀온 날이면 항상 그림일기를 썼어요. 그런데 연필로 그린 그림이 지워져서 알아볼 수가 없네요. 지금부터 선생님이 들려주는 은영이의 일기를 듣고, 알맞은 스티커를 찾아 붙여 주세요.

   은영이의 일기

   주일, 교회에 모여 친구들과 예배했어요.
   월요일, 교회에 모여 친구와 함께 기도했어요.
   화요일, 교회에 모여 함께 찬양했어요.
   수요일, 교회에 모여 선생님과 성경 공부를 했어요.
   목요일, 교회에 모여 사람들에게 예수님을 전했어요.
   금요일, 교회에 모여 음식을 나누어 먹었어요.
   토요일, 다 함께 모여 교회를 청소했어요.

2. **정답을 확인한다.**
   모두 붙였나요? 그럼 주일부터 은영이가 한 일을 하나씩 말하면서, 여러분이 붙인 스티커가 맞는지 선생님과 확인해 봐요. (요일별로 확인 후) 참 잘했어요. 은영이의 일기를 보니, 교회에서 할 수 있는 일이 정말 많네요.

3. **교회 주보를 살펴보면서 우리 교회에는 매일 어떤 모임(모이는 사람들)이 있는지 이야기한다.**
   우리 교회에도 매일매일 여러 사람이 모여요. 월요일에는 기도하러 모이고, 화요일에는 전도하러 모이고, 수요일에는 모여서 수요예배를 드려요. 목요일에는 모여서 성경 공부도 하죠. 금요일에는 밤에 드리는 철야예배가 있어요. 이 모든 모임에 여러분도 언제든 함께할 수 있답니다. Tip. 교회의 다양한 모임을 소개하고, 어린이들이 참여할 수 있는 기회를 찾아본다.

   처음 교회 사람들도 예수님을 향한 마음으로 매일매일 교회에 모였대요. 우리도 할 수 있어요. 언제든지 교회에 오면 예수님과 함께, 친구들과 함께 멋진 일을 할 수 있답니다. 그러니 매일매일 교회에 모이기를 힘쓰는 어린이가 돼요.

4. **기도로 마무리한다.**

활동 2

매일매일 교회

처음 교회 사람들은 매일매일 교회에 모여 말씀을 듣고 찬양하며 예배했어요. 또 맛있는 음식을 나누어 먹으며 서로 돌보고, 어렵고 힘든 사람들을 도와주었죠. 우리도 할 수 있어요. '매일매일 교회'를 만들어서 우리도 함께 모이기를 힘써 봐요.

활동 방법

1. **교회에 모여서 하고 싶은 일을 그리고, 나만의 교회를 꾸민다.**
여러분은 예수님의 이름으로 모여서 무엇을 하고 싶어요? 교회에 모여서 가장 하고 싶은 일이 무엇인가요? 또 함께하고 싶은 사람들은 누구인가요? 다양한 색칠 도구로 교회 안에 여러분이 하고 싶은 일을 그려 보세요. 그런 다음 교회를 멋지게 꾸미고 이름도 붙여 보세요.

2. **한 사람씩 자기 그림을 보여 주며 하고 싶은 일을 발표한다.**
모두 완성했나요? 그럼 여러분이 교회에 모여 어떤 일을 하고 싶은지, 한 사람씩 자기 그림을 친구들에게 보여 주며 발표해 봐요.

3. **교회와 어린이 그림 뒷면에 접착식 고무자석을 붙인다.**
교회 뒷면에 자석 붙이는 곳이 있어요. 고무자석을 그곳에 붙여 주세요. 그리고 남자 어린이와 여자 어린이 중 마음에 드는 것을 택해서 그 뒷면에도 고무자석을 붙여요.

4. **사용 방법을 설명하고, 가정으로 가져가 매일매일 모이기를 되새기게 한다.**
나만의 매일매일 교회를 완성했어요. 이제 집으로 가져가서 현관문이나 냉장고처럼 자석이 붙는 곳에 붙여 주세요. 잘 보이는 곳에 두고 그날그날 요일에 맞게 어린이 그림을 옮기면서, 매일매일 교회에 모이는 것을 기억하는 거예요. 모두 할 수 있죠?

   오늘은 날마다 교회에 간 은영이와 할머니 이야기를 들었어요. 또 매일매일 교회에 모인 처음 교회의 이야기도 배웠죠. 우리 역시 언제든 교회에 모일 수 있답니다. 교회는 언제나 여러분을 향해 열려 있어요. 예수님을 위해 함께 모여 무엇을 하고 싶은지 생각해 보고 친구들, 부모님과 함께 이야기해 보세요. 예수님을 위해 모일 때마다 기쁘고 즐거운 일이 가득 펼쳐질 거예요.

5. **기도로 마무리한다.**

4 어디서든 모이자!

배울 말씀 사도행전 5장 12~16절

새길 말씀 사도들의 손을 통하여 민간에 표적과 기사가 많이 일어나매 믿는 사람이 다 마음을 같이하여 솔로몬 행각에 모이고 (행 5:12)

활동 1 모인 곳은 어디일까?

활동 내용	지면 활동	시간	20분	인원	
준비물	어린이용 교재(스티커), 필기도구				
목표	예수님의 이름으로 어디서나 모일 수 있음을 알게 한다.				
사전 준비와 TIP					

활동 2 어디에 모일까?

활동 내용	신체 활동	시간	20분	인원	5-6명
준비물	마스킹 테이프				
목표	온몸으로 모이기에 힘쓰는 어린이가 되게 한다.				
사전 준비와 TIP	① 마스킹 테이프로 바닥에 5~6명이 들어갈 정도의 원(또는 사각형)을 그린다.				

함께 기도해요

예수님, 우리가 어디에 모이든지 예수님과 함께할 수 있어서 참 기뻐요. 변치 않는 마음으로 예수님을 사랑하며, 어디서나 예수님을 향해 마음을 활짝 여는 어린이가 될게요. 예수님의 이름으로 기도합니다. 아멘.

활동 1 모인 곳은 어디일까?

여기 마을 지도가 있어요. 교회도 있고, 운동장, 놀이터, 공원도 있네요. 그런데 지도 여기저기 떨어져 나간 부분이 있어요. 지금부터 함께 지도를 완성하며 예수님의 이름으로 모인 사람들을 찾아봐요.

활동 방법

1. **예수님의 이름으로 모인 사람들 스티커(5개)를 알맞은 곳에 붙인다.**
   여러분이 가진 스티커를 보세요. 무슨 그림이죠? 예수님의 이름으로 모인 사람들 그림이에요. 이 사람들이 모인 장소는 어디일까요? 지도에서 알맞은 곳을 찾아 붙여 주세요. 주변이나 배경 그림, 또는 이어지는 길을 잘 살펴보면 쉽게 찾을 수 있어요.

2. **<보기>의 어린이들(4명)을 지도에서 찾아 동그라미 친다.**
   이번에는 <보기>에 있는 4명의 어린이를 찾아봐요. 각각 어디에 있을까요? 지도에서 찾아 동그라미 쳐 보세요.

3. **예수님의 이름으로 모인 곳이 어디인지 이야기 나눈다.**
   모두 잘했어요. 그럼 이제 사람들이 예수님의 이름으로 모인 곳이 어디인지 하나씩 이야기해 봐요. 산과 놀이터, 학교와 큰 운동장, 그리고 사거리 큰길에도 모였네요. 이렇게 예수님의 이름으로 어디든지 모일 수 있다니 참 기쁜 일이에요.

4. **자신이 사람들과 모이고 싶은 곳에 지도핀 스티커를 붙이고, 한 사람씩 발표한다.**
   우리는 예수님의 이름으로 어디서든 모일 수 있어요. 여러분은 예수님의 이름으로 어디에서 모이고 싶나요? 여기 있는 선생님이나 친구들과 함께 가고 싶은 곳이 있나요? 지도에서 자신이 가장 가고 싶은 곳을 찾아 지도핀 스티커를 붙여 주세요. 그리고 왜 그곳을 골랐는지 한 사람씩 이야기해 봐요.

   예수님의 제자들은 성전뿐 아니라 산과 들판, 호숫가나 집에서도 모였어요. 어디서나 예수님의 이름으로 모여서 마음을 같이하고 예수님의 이름을 높이며 찬양했죠. 여러분도 어디서나 예수님의 이름으로 모이기를 힘써 보세요. 예수님과 함께 더 큰 기쁨과 사랑을 나눌 수 있답니다.

5. **기도로 마무리한다.**

활동 2 어디에 모일까?

예수님의 제자들은 교회가 아닌 곳에서도 예수님의 이름으로 모였어요. 집이든 거리든 상관없었죠. 이제 우리도 할 수 있어요. 함께 놀이하면서 어디서든 예수님의 이름을 기억하며 모이기를 힘써 봐요.

활동 방법

1. **교사가 제시하는 장소와 인원수대로 원 안에 모인다.**

   지금부터 선생님이 예수님의 이름으로 모일 장소와 인원수를 외칠 거예요. 그러면 여러분은 장소를 따라 외치며 원 안으로 모이는 거예요. 단, 선생님이 말한 인원수만큼만 들어가야 성공이랍니다. 누가 들어갈지 서로 의논하지 않고 동시에 움직여야 해요. 그럼 시작해 볼까요?

2. **장소를 따라 외치지 않거나 인원수를 맞추지 못하면 실패다.**

   선생님 말에 꼭 귀를 기울여 주세요. 장소를 따라 외치지 않거나 원 안에 모인 인원수가 다르면 실패예요.

   - 1단계 : 놀이터 - 세 명
   - 2단계 : 공원 - 네 명
   - 3단계 : 숲속 - 다섯 명
   - 4단계 : 유치원 - 두 명
   - 5단계 : 바닷가 - 한 명
   - 6단계 : 병원 - 네 명

3. **교사가 제시한 대로 성공하면 다음 단계(장소)로 넘어가고, 실패하면 인원수를 달리하여 성공할 때까지 반복한다.**

   모두 잘했어요. 한 장소에서 모이는 것에 성공하면 다음 장소로 넘어가요. 실패한 장소는 다시 도전할 거예요. 다시 한번 잘 듣고 모여 보세요.

4. **제시한 여섯 장소에 모두 성공하면 놀이를 마친다. 시간 여건에 따라 장소를 추가하거나 뺄 수 있다.**

   모두 성공했습니다! 예수님의 이름으로 여러 곳에 모여 봤어요. 이렇게 충분히 연습했으니, 이제 정말 어디서나 모일 수 있겠죠?

   이제 여러분은 어디서나 예수님의 이름으로 모일 준비가 되었어요. 이렇게 즐거운 마음으로 모이면, 어디든지 예수님이 우리와 함께 계실 거예요. 용감하고 씩씩하게 예수님을 바라보며 모이는 여러분이 되기를 바라요.

5. **기도로 마무리한다.**

5 행하라

요한복음 15장 14절

작곡 : 이화익
편곡 : 이화익

예수님을 따라 행동하는 예수님의 친구가 되자

예수 그리스도를 따르겠다고 고백한 이들은 어떻게 살아야 할까요? 이 단원에서는 우리가 해야 할 것이 무엇인지를 알고 마음을 다해 행함으로써 예수님의 제자요 친구가 될 수 있음을 배웁니다.

1과에서는 우리를 친구라 부르시는 예수님을 만납니다. 예수님과 친구가 되는 일은 예수님처럼 사는 일입니다. 예수님이 중요하게 생각하시는 것을 자신도 중요하게 생각하고, 하나님의 영광을 드러내는 일을 행하는 것입니다. 그리고 어떤 행동을 하기 전에 예수님이라면 어떻게 하셨을지 생각할 때, 우리는 복음을 전하고 착한 일을 하고 친절을 베풀고 어려움에 처한 사람을 도우며 살아갈 수 있습니다. 그런 우리를 예수님은 '나의 친구'라고 불러 주십니다.

2과에서는 예수님이 제자들에게 행하라고 명하신 두 가지 일을 알아봅니다. 예수님은 열두 제자를 택해 그들과 함께 생활하면서 이스라엘 온 지역을 다니며 복음을 선포하셨습니다. 그리고 마침내 그들을 따로 불러서 행할 일을 알려 주신 후 파송하셨습니다. 제자들이 받은 사명은 하나님 나라의 소식을 전하는 일과 병자를 고치는 일이었습니다. 이는 그동안 예수님이 친히 해 오신 일로, 제자들은 가장 가까이에서 그것을 보고 배웠습니다. 예수님은 제자들을 그냥 보내지 않으셨습니다. 명하신 일을 잘 행할 수 있는 권세와 능력을 주셨습니다. 하나님 나라 전파는 오늘 우리에게도 맡기신 일입니다. 그리고 그 옛날 제자들에게 허락하신 권세와 능력을 친구인 우리에게도 동일하게 부어 주십니다.

3과는 선한 사마리아인 이야기입니다. 큰 어려움에 처한 이를 외면하며 지나가는 사람들이 있습니다. 그를 돕지 못하는 여러 이유가 있을 것입니다. 그러나 한 사마리아인은 자기의 길을 멈추고 도움이 필요한 이에게 손을 내밉니다. 예수님이 이를 통해 가르쳐 주신 착한 행실과 나눔, 베풂의 의미는 아무리 강조해도 지나치지 않습니다. 어린이 시기는 아직 개인주의적 성향이 강하지만, 동시에 타인을 향한 친절과 선행을 배우기 시작하는 때이기도 합니다. 이 과를 통해 이것이 그리스도인의 마땅한 삶의 태도요 예수님의 명령이자 약속임을 깨닫게 됩니다.

4과에서는 우리가 복음을 전하고 착한 일을 하고 친절을 베풀고 어려움에 처한 사람을 도울 때 꼭 기억할 것이 무엇인지 확인합니다. 바로 모든 것을 그리스도의 이름으로 해야 한다는 것입니다. 모든 인간에게는 자기 이름을 드러내고 싶은 욕구가 있습니다. 그것이 꼭 나쁜 것은 아닙니다. 때로는 선한 일을 하는 동기가 되기 때문입니다. 하지만 신앙이 조금씩 자라면서 내 이름을 내세우기보다 예수님의 이름으로 선하고 너그럽게 행동하는 것을 배우고, 그것이 더 큰 기쁨을 준다는 사실을 알게 됩니다. 이 과를 통해 그 귀한 경험을 함께 나눌 수 있습니다. 이렇게 예수님의 모습을 행동의 기준으로 삼는 사람이 예수님의 제자요 친구로 매일매일 조금씩 성장할 수 있습니다.

1 쏙쏙 돋보기로 뭐가 보일까?

배울 말씀 요한복음 15장 7~15절

새길 말씀 너희는 내가 명하는 대로 행하면 곧 나의 친구라 (요 15:14)

활동 1 내 친구 예수님

활동 내용	신체 활동	시간	20분	인원	10명
준비물	교사용 교재, 테이블, 나무젓가락, 투명 테이프, 찬양 음원				
목표	언제 어디서나 예수님을 생각하면 항상 함께하는 친구가 될 수 있음을 알게 한다.				
사전 준비와 TIP	① 교사용 교재의 발바닥과 예수님 얼굴 그림을 뜯어낸다. 나무젓가락을 두 개로 나눈 후 발바닥 그림을 1개씩 붙인다. 이때 젓가락을 세운 후 바닥 면에 붙인다. 나무젓가락 1개의 상단 앞면에 예수님 얼굴을 붙인다.				

활동 2 쏙쏙 돋보기

활동 내용	만들기	시간	20분	인원	
준비물	어린이용 교재, 양면테이프, 빨간색 필름(PVC 용지 또는 셀로판지)				
목표	언제 어디서나 함께하시는 예수님을 생각하게 한다.				
사전 준비와 TIP	① 어린이용 교재의 돋보기 그림을 뜯어내 한쪽에 양면테이프를 붙인다. ② 빨간색 필름을 돋보기 중앙의 원 크기에 맞게 잘라둔다.				

함께 기도해요

하나님, 언제 어디서나 예수님께 꼭 붙어 있는 예수님의 친구가 될래요. 우리와 항상 함께하시는 예수님을 바라보게 도와주세요. 예수님을 더 많이 생각하는 어린이가 되게 해 주세요. 예수님의 이름으로 기도합니다. 아멘.

활동 1 내 친구 예수님

'이럴 때 예수님이라면 어떻게 하셨을까?' 이 생각을 언제 어디서나 하다 보면, 우리는 예수님과 항상 함께하는 친구가 될 수 있어요. 지금부터 예수님의 친구가 되어 함께 발맞춰 걷는 연습을 해 봐요.

활동 방법

1 앞에 있는 테이블을 향해 선다.

앞에 테이블이 놓여 있어요. 모두 테이블을 바라보고 서요. 옆 친구와 부딪치지 않게 양팔을 벌려서 넓게 서요.

2 교사가 테이블에서 예수님 발바닥 두 개로 다양한 걷기 동작을 보여 준다. 어린이들은 제자리에서 교사가 제시하는 걷기 동작을 따라 한다.

우리의 친구이신 예수님과 발맞춰 걸어가려 해요. 예수님의 발이 어떻게 움직이는지 잘 보고 여러분도 똑같이 따라서 움직여요. 먼저 한 동작씩 해 볼까요?

동작 예시

- 한 발씩 걷기
- 빠르게 뛰기
- 두 발로 콩콩콩 뛰기
- 두 발을 양옆으로 넓게 벌렸다가 모아 붙이기
- 한 발 들고 콩콩 뛰기
- 한 발을 앞으로 뻗기
- 작은 원을 그리며 한 바퀴 돌기

3 찬양 음원에 맞춰 여러 동작을 연이어 따라 한다.

모두 잘 따라 하네요. 이번엔 선생님이 신나는 찬양에 맞춰 여러 동작을 연이어 보여 줄 거예요. 잘 보며 예수님과 함께 발맞춰 걸어요.

한 걸음 한 걸음 예수님과 함께 발맞춰 걸었어요. 오늘 예수님과 함께했던 것처럼, 예수님이라면 어떻게 하셨을지 항상 생각함으로 여러분이 있는 곳에 예수님을 초대하는 어린이들이 되기를 바라요. 그렇게 언제 어디서나 예수님과 함께해요.

4 기도로 마무리한다.

활동 2 쏙쏙 돋보기

신통방통 무엇이든 알게 해 주는 신기한 쏙쏙 돋보기를 우리도 함께 만들어 봐요. 그리고 쏙쏙 돋보기로 어떤 그림들이 숨어 있는지 찾아봐요.

활동 방법

1. **돋보기 그림에 빨간색 필름을 붙여 완성한다.**

   선생님이 나눠 주는 돋보기에 빨간색 필름을 붙일 거예요. 우선 붙어 있는 양면테이프 비닐을 떼세요. 그런 다음 필름을 붙이고, 돋보기 그림 두 개를 맞대어 꾹꾹 눌러 붙여요. 신통방통 신기한 쏙쏙 돋보기가 완성되었어요.

2. **교재를 보며 숨어 있는 그림을 찾는다.**

   교재에 4개의 그림이 있어요. 그런데 군데군데 빨간색 부분에는 뭐가 있는지 잘 보이지 않아요. 도대체 거기서 무슨 일이 일어나고 있는 걸까요? 쏙쏙 돋보기가 필요해요! 돋보기로 빨간색 부분을 들여다보세요. 그리고 무슨 일이 일어나고 있는지 이야기해 주세요.

   - 고래가 바닷속을 헤엄치고 있어요. 거북이도 있네요. 고래와 거북이는 지느러미로 물을 저어 헤엄친대요.
   - 커다란 비스킷을 업고 가는 개미가 있어요. 그 옆에 큰 집을 업고 가는 달팽이도 있네요.
   - 어질러진 유치원(어린이집)을 정리하기 위해 장난감을 손에 든 어린이가 있어요. 그 옆에서 함께 정리하고 있는 사람은, 바로 예수님이에요!
   - 우리 가족이 식탁에 둘러앉아 맛있게 밥을 먹고 있어요. 옆에 있는 사람은 누구일까요? 맞아요. 예수님이에요. 예수님은 무얼 하고 계시죠? 우리가 맛있고 편하게 먹을 수 있게 고기를 직접 잘라 주고 계시네요.

   쏙쏙 돋보기로 우리가 사는 세상을 들여다보았어요. 바다 동물들의 헤엄치는 비법도 알아내고, 힘센 곤충들도 보았어요. 그리고 언제나 우리와 함께하시는 우리의 친구, 예수님도 만났네요. 앞으로도 쏙쏙 돋보기로 들여다보는 것처럼, 우리와 함께하시는 예수님을 발견하는 어린이들이 되기를 바라요.

3. **기도로 마무리한다.**

2 예수님처럼 해 봐요, 요렇게!

배울 말씀 누가복음 9장 1~6절

새길 말씀 제자들이 나가 각 마을에 두루 다니며 곳곳에 복음을 전하며 병을 고치더라 (눅 9:6)

활동 1 예수님처럼 해 봐요, 요렇게!

활동 내용	신체 활동	시간	20분	인원	10명
준비물	예수님 분장 용품들				
목표	성경 속 예수님의 모습을 따라 하면서 익숙해지게 한다.				
사전 준비와 TIP	① 교사 한 명이 예수님으로 분장한다.				

활동 2 똑같이 똑같이

활동 내용	지면 활동	시간	20분	인원	
준비물	어린이용 교재, 색연필				
목표	예수님의 말씀을 잘 듣고 따르며 전해야 함을 기억하게 한다.				
사전 준비와 TIP					

함께 기도해요

하나님, 예수님이 그러셨던 것처럼 우리도 하나님 나라 이야기를 전할래요. 우리 목소리로, 우리 몸으로 예수님의 모습을 그대로 따라 하는 제자가 되게 해 주세요. 예수님을 똑 닮은 반쪽이 되게 도와주세요. 예수님의 이름으로 기도합니다. 아멘.

활동 1 예수님처럼 해 봐요, 요렇게!

우와! 우리 교회에 예수님이 오셨어요. 하나님과 우리가 한 약속, 즉 하나님 나라를 전하기 위해 우리가 무엇을 어떻게 해야 하는지, 예수님을 보고 잘 따라 하면 된답니다. 예수님이 하시는 동작을 잘 보고, 예수님이 내시는 소리를 잘 듣고 따라 하면서 하나님 나라를 전하는 훈련을 해요.

활동 방법

1 예수님 분장을 한 교사를 바라보고 한 줄로 선다.

모두 예수님을 바라보고 한 줄로 서세요.

2 예수님 분장을 한 교사가 제시하는 여러 동작과 소리를 똑같이 따라 한다.

눈을 크게 뜨고 예수님을 보세요. 귀도 쫑긋 세우고요. 예수님이 어떤 동작을 하시는지 잘 보고, 어떤 소리를 내시는지 귀담아들은 다음 똑같이 따라 해요. 예수님, 보여 주세요! 하나, 둘, 셋!

동작 예시	소리 예시
양손 엄지를 앞으로 내민다. (엄지척)	최고야, 최고!
두 손으로 머리 위로 하트를 만든다.	사랑해요.
엄지와 검지로 총 모양을 만들어 쏜다.	축복해요.
한 손으로 머리를 쓰다듬는다.	잘했어, 잘했어.
손뼉을 친다.	하하하하하!
고개를 옆으로 돌리고 한 손으로 입을 가린다.	속닥속닥
두 손을 확성기처럼 입가에 댄다.	아~ (가장 크게 소리내기)
한 손을 눈썹에 대고 두리번거린다.	두리번두리번
옆 친구와 포옹한다.	정말 고마워.
한 손으로 옆 친구 등을 토닥거린다.	괜찮아, 괜찮아.

모두 예수님의 행동을 초롱초롱한 눈으로 보고, 예수님의 소리를 귀를 쫑긋해서 잘 들었어요. 그리고 보고 들은 대로 예수님을 잘 따라 했어요. 지금까지 성경 말씀을 통해 만난 예수님, 또 앞으로 만나게 될 예수님의 모습을 잘 기억해요. 그리고 오늘처럼 예수님을 잘 따라 하는 예수님의 제자들이 되기를 바라요.

3 기도로 마무리한다.

활동 2

똑같이 똑같이

예수님의 제자가 되려면 예수님을 닮아가야 해요. 그러려면 예수님이 하신 일과 전하신 말씀을 잘 기억했다가 똑같이 따라 해야겠죠? 그 훈련을 함께 해 봐요.

활동 방법

1. **반쪽만 있는 그림을 보고 나머지 부분을 똑같이 그려서 완성한다.**

   교재를 보면 그림이 반쪽씩만 그려져 있어요. 예수님이 우리에게 보여 주고 들려주신 것들이에요. 반쪽짜리 그림을 보고 나머지 반쪽을 똑같이 그려서 완성해요. 그리고 마지막 예수님 그림 옆에는 예수님을 닮아가는 내 모습을 그려요.

   - 예수님이 전해 주신 하나님 말씀
   - 아픈 사람들을 고쳐 주신 예수님
   - 물고기를 잡던 어부를 제자로 삼으신 예수님
   - 배고픈 사람들에게 빵을 먹이신 예수님
   - 예수님이 전해 주신, 밭에 숨긴 보물 같은 하나님 나라 이야기
   - 예수님과 예수님의 제자인 나

   예수님이 보여 주신 모습과 들려주신 이야기들을 기억하며 반쪽을 채웠어요. 이렇게 그림을 똑같이 따라 그린 것처럼, 앞으로도 예수님을 똑같이 따라 하는 어린이들이 되기를 바라요. 그래서 예수님을 똑 닮은 반쪽이 되기를 축복해요.

2. **기도로 마무리한다.**

3 내가 도와줄게!

배울 말씀 누가복음 10장 30~37절

새길 말씀 이르되 자비를 베푼 자니이다 예수께서 이르시되 가서 너도 이와 같이 하라 하시니라 (눅 10:37)

활동 1 너는 눈, 나는 발

활동 내용	신체 활동	시간	20분	인원	6명
준비물	안대 1개, 볼풀공 3개, 색종이 12장, 바구니 1개, 투명 테이프				
목표	다른 사람을 도와주며 친구가 되게 한다.				
사전 준비와 TIP	① 바닥에 투명 테이프로 색종이를 붙여서 길을 만든다. ② 볼풀공 3개를 각각 다른 색종이 옆에 놓는다.				

활동 2 함께 걷는 길

활동 내용	지면 활동	시간	20분	인원	
준비물	어린이용 교재(스티커), 색연필				
목표	어려운 사람들을 도와주는 어린이가 되게 한다.				
사전 준비와 TIP					

함께 기도해요 하나님, 어려움에 처한 사람들을 도우며 함께 살아가는 것이 하나님과의 약속임을 배웠어요. 예수님이 우리의 친구가 되어 주신 것처럼, 우리도 다른 사람들을 도우며 친구가 될 수 있게 도와주세요. 예수님의 이름으로 기도합니다. 아멘.

활동 1

너는 눈, 나는 발

사마리아 사람이 강도 만나 다친 사람을 도와주며 친구가 되어 주었어요. 우리도 할 수 있어요. 서로 도우며 친구가 되어요. 눈을 가리고 길을 걷는 친구의 눈이 되어 주고, 길 밖에 서 있는 친구의 발이 되어 주세요. 서로 도와주고 도움받는 친구가 되어요.

활동 방법

1. **두 명씩 짝을 짓고, 누가 먼저 눈을 가릴지 순서를 정한다.**

   먼저 두 명씩 짝을 지어요. 그리고 누가 먼저 눈을 가리고 길을 걸어갈지 정해요.

2. **눈을 가리고 바구니를 든 어린이에게 짝꿍이 길을 알려 준다. 이때 말 대신 등, 어깨, 손을 살짝 쳐서 표현한다.**

   길을 걸을 어린이는 안대로 눈을 가린 채 바구니를 들고 첫 번째 칸 앞에 서요. 이제 짝꿍이 옆에서 길을 알려 줄 거예요. 그런데 말 대신 등과 어깨, 손을 톡 쳐서 알려 줄 거예요. 등을 살짝 치면 앞으로 한 발, 왼쪽 어깨를 치면 왼쪽으로 한 발, 오른쪽 어깨를 치면 오른쪽으로 한 발 가세요. 그리고 손을 살짝 치면 그 자리에 앉아서 손으로 공을 찾아 바구니에 넣는 거예요.

3. **한 팀씩 순서대로 진행하고, 역할을 바꿔서 반복한다.**

   한 팀씩 나와서 짝꿍과 함께 길을 걸으며 볼풀공을 주워요. 그리고 역할을 바꿔서 한 번 더 놀이해요.

   나를 도와주는 사람이 있으니 눈을 가리고도 볼풀공을 주우며 길을 갈 수 있었어요. 또 내가 도와주니 앞이 안 보이는 친구도 넘어지거나 길을 잃지 않았죠. 이렇게 서로 돕고 도움을 받아야 진정한 친구가 될 수 있어요. 여러분 모두 다른 사람의 눈이 되어 주고, 손과 발이 되어 주는 진정한 친구이길 바라요.

4. **기도로 마무리한다.**

활동 2 함께 걷는 길

오늘 말씀에서 사마리아 사람은 룰루랄라 즐거운 여행길에 우연히 강도 만난 사람을 보게 되었어요. 그런데 그냥 모른 척 지나가지 않고, 다가가 치료해 주며 온 힘을 다해 도와주었어요. 우리도 함께 길을 찾고 서로 도움을 주며 친구가 되어요.

활동 방법

1. **교재의 그림을 함께 살펴보며 내용을 확인한다.**

   집으로 가는 길을 그려 놓았어요. 그런데 여기저기가 동그라미로 막혀 있네요. 동그라미 안에는 우리가 도와줘야 할 사람들과 동물이 있어요. 배가 고픈 사람도 있고, 다친 사람도 있고, 울고 있는 어린이도 있고, 굶주려 예민해진 고양이도 있어요. 그리고 아직 하나님을 모르는 어린이들도 있네요.

2. **화살표에서 집까지 가는 길을 색연필로 표시한다. 도중에 있는 동그라미에 상황과 어울리는 스티커를 각각 붙인다.**

   이제 색연필로 선을 그으며 집으로 가는 길을 찾아요. 가는 길에 동그라미가 있을 때마다 그림과 어울리는 스티커를 찾아 붙여 주세요.

   - 배고픈 사람 - 볶음밥
   - 굶주린 고양이 - 사료 캔
   - 다친 사람 - 붕대
   - 울고 있는 어린이 - 사탕
   - 세계 어린이 - 성경책

   여러분이 도와준 덕분에 모두에게 필요한 것이 채워졌어요. 배고픈 사람은 맛있는 볶음밥을 먹어 힘이 나고, 다친 사람은 붕대를 감았어요. 울고 있던 어린이도 사탕을 받고는 울음을 그쳤고, 야옹~야옹~ 굶주렸던 고양이도 밥을 잘 먹었대요. 그리고 하나님을 알지 못했던 어린이들은 비로소 성경 말씀을 듣게 되었어요. 그래서 우리 모두는 친구가 되었답니다. 예수님이 우리의 친구가 되어 주셨듯이, 이렇게 어려운 사람들을 도우며 그들의 친구가 되어 주기를 바라요.

3. **기도로 마무리한다.**

4 Jesus Power

배울 말씀 사도행전 3장 1~10절

새길 말씀 베드로가 이르되 은과 금은 내게 없거니와 내게 있는 이것을 네게 주노니 나사렛 예수 그리스도의 이름으로 일어나 걸으라 하고 (행 3:6)

활동 1 Jesus Power 충전

활동 내용	신체 활동	시간	20분	인원	5명
준비물	볼풀공(5개 이상), 훌라후프(2개), 바닥 매트(90×90cm), 예수님 얼굴 그림(설교PPT), 투명 테이프				
목표	예수님은 우리에게 힘 주시는 분임을 알게 한다.				
사전 준비와 TIP	① 매트를 바닥에 놓고, 중앙에 예수님 얼굴 그림을 출력해서 붙인다. ② ① 양쪽에 훌라후프를 배치하고, 한쪽 훌라후프에만 볼풀공을 넣어둔다. ③ 변형 활동도 가능하다. 매트의 한쪽에 훌라후프 대신 달걀판(10~15구)을 놓고, 달걀판에 볼풀공 5개를 넣는 활동으로 대신해도 좋다.				

활동 2 예수님의 이름으로

활동 내용	만들기	시간	20분	인원	
준비물	어린이용 교재(스티커)				
목표	모든 일을 예수님의 이름으로 행해야 함을 알게 한다.				
사전 준비와 TIP					

함께 기도해요

하나님, 하나님과의 약속을 꼭 지킬게요. 우리가 약속을 잘 지킬 수 있도록 예수님이 힘을 주세요. 예수님의 이름으로 하나님과의 약속을 이루어가는 어린이가 되게 도와주세요. 예수님의 이름으로 기도합니다. 아멘.

활동 1 Jesus Power 충전

Jesus Power는 오직 예수님만이 주실 수 있어요. 예수님이 우리에게 예수님을 전할 힘과 다른 사람을 도울 힘을 주신답니다. 그러니 항상 예수님께 꼭 붙어서 예수님이 주시는 Jesus Power를 충전해요.

활동 방법

1. **어린이 1명이 바닥 매트에 눕는다.**
   ○○(이)가 나와서 선생님과 함께 친구들에게 시범을 보여 줄까요? 우선 예수님 그림이 그려진 매트에 누워요. 예수님과 꼭 붙었나요? 예수님과 하나가 되어요.
2. **볼풀공을 빈 훌라후프로 옮긴다.**
   데굴데굴 굴러서 볼풀공 하나를 잡아요. 그리고 다시 데굴데굴 굴러서 빈 훌라후프로 볼풀공을 옮겨요. 예수님과 함께하며 볼풀공을 하나씩 옮겨서 예수님이 주시는 Jesus Power를 충전해요.
3. **순서를 정해 모든 어린이가 활동에 참여한다.**
   모두 잘 옮겼네요. 이제 다른 어린이가 한번 해 볼까요? 돌아가면서 모두 한 번씩 Jesus Power를 충전해요.

   우리 모두 Jesus Power로 완전히 충전되었어요! 이제 모든 준비가 끝났어요. 예수님이 주신 이 힘을 써야죠. 뭐 하는 데 쓰냐고요? 예수님의 이름으로 하나님과의 약속을 지키는 데 써야죠. 여러분을 통해 Jesus Power가 다른 사람들에게도 전해지기를 바라요.
4. **기도로 마무리한다.**

활동 2 예수님의 이름으로

베드로는 성문 앞에 앉아 구걸하는 사람에게 말했어요. "예수님의 이름으로 일어나 걸으세요!" 우리도 베드로처럼 모든 일을 예수님의 이름으로 해야 해요. 언제나 예수님의 이름을 부르는 우리 모습을 손인형으로 만들어 봐요.

활동 방법

1. **교재의 어린이 그림을 뜯어낸 후 접는 선대로 접는다.**
   교재에 여러분과 같은 어린이가 그려져 있어요. 조심히 뜯어내서 세로로 두 번 산접기를 해요. 그다음에 가로로 계곡접기를 한 후 양쪽을 산접기로 접어 내려요.

2. **입안에 스티커를 붙인 후 손을 끼워서 입을 움직인다.**
   '예수'라고 쓰인 스티커를 입안에 붙여요. 그리고 머리 쪽 종이를 벌려 구멍에 검지와 중지를 넣고, 다리 쪽 구멍에 엄지를 넣어서 입을 벌렸다가 다물어요.

3. **손인형으로 '가라사대' 놀이를 한다.**
   선생님의 손인형을 보면서 같이 놀이해요. 선생님이 '예수님의 이름으로'라고 시작하는 말만 그대로 따라 하는 거예요. '예수님의 이름으로'라고 말하지 않았을 땐 따라 하면 안 돼요. 자, 지금부터 예수님의 이름으로 놀이 시작!

   [예시]
   - '예수님의 이름으로' 손인형의 입을 벌리세요.
   - 손인형의 입을 다무세요.
   - '예수님의 이름으로' 손인형의 입을 다무세요.
   - '예수님의 이름으로' 자리에서 일어서세요.
   - 자리에 다시 앉으세요.
   - '예수님의 이름으로' 자리에 다시 앉으세요.
   - '예수님의 이름으로' 놀이 끝!

   Tip. '손인형'을 언급하지 않은 지시문은 손인형을 움직이는 대신 어린이들이 직접 행동한다.

   예수님의 이름으로! 손인형이 입을 열 때마다 예수님의 이름이 나온 것처럼, 여러분이 하는 모든 일이 예수님의 이름으로 되기를 바라요. 우리에게 힘 주시는 예수님을 기억하며, 예수님의 이름을 자랑하는 어린이가 돼요.

4. **기도로 마무리한다.**

6 준비하라

마태복음 1장 23절

작곡 : 이화익
편곡 : 이화익

예수님의 탄생을 기다리며 준비하자

성경은 예수님의 탄생 전 이미 많은 일이 준비되어 있었고, 그것을 준비한 이들이 있었음을 증언합니다. 이 단원에서는 아기 예수님이 태어나기 전에 어떤 일들이 있었고, 무엇이 준비되었는지 배웁니다. 이를 통해 우리는 대림절 기간에 무엇을 기다리며 준비해야 하는지 깨달을 수 있습니다.

1과는 구약성경, 특히 이사야서에 기록된 한 아이의 탄생에 관한 이야기입니다. 아하스의 통치 시절, 남유다는 북이스라엘의 공격으로 큰 위기를 맞았습니다. 그때 하나님께서 이사야 선지자를 통해 표징을 주셨습니다. 그것은 처녀가 잉태하여 아들을 낳을 것이며, 그의 이름이 임마누엘이라는 것이었습니다. 임마누엘은 '하나님이 우리와 함께 계시다'라는 뜻입니다. 그때부터 유다 백성은 다윗의 집안에서 임마누엘이라 불릴 한 아이가 태어나기를 소망하며 기다렸습니다.

2과는 천사 가브리엘이 다윗의 자손 요셉과 약혼한 마리아에게 나타나 아들을 낳을 것이라고 예고하는 이야기로 시작합니다. 깜짝 놀란 마리아에게 천사는 이것이 성령의 능력으로 된 일이며, 하나님께서는 하지 못하실 일이 없다고 선언합니다. 그러면서 늙은 나이에 임신한 친척 엘리사벳의 이야기를 들려줍니다. (이후 엘리사벳과 마리아의 만남은 시즌3 1단원 4과 참고) 그때부터 마리아는 하나님의 말씀대로 이루어지기를 기도하면서 아이의 탄생을 기다렸습니다.

3과는 마침내 선지자 이사야와 천사 가브리엘의 예언이 실현되어 임마누엘이 태어나는 이야기입니다. 특히 마태복음에는 천사가 다윗의 자손 요셉에게 나타난 일이 기록되어 있습니다. 천사는 1과에서 배운 이사야서의 말씀을 요셉에게 그대로 전하면서 임마누엘의 탄생을 예고했습니다. 그 후 요셉은 마리아와 결혼하여 아이가 태어나기를 함께 기다렸습니다.

4과는 그리스도를 보기 위해 오래도록 성전에서 기다린 시므온의 이야기로, 이는 유일하게 누가복음에만 기록되어 있습니다. 시므온은 오래전 성령으로부터 죽기 전에 그리스도를 볼 것이라는 지시를 받았습니다. 어느 날 성령에 이끌려 성전에 들어간 그는 정결예식을 하기 위해 아기와 함께 온 마리아와 요셉을 만났습니다. 그 아기가 바로 하나님의 메시아, 즉 그리스도임을 단번에 알아본 시므온은 아기를 품에 안고 하나님을 찬양했습니다.

아기 예수님의 탄생은 선지자를 통해, 천사를 통해, 때로는 성령을 통해 여러 사람에게 예고되었습니다. 그리고 그 소식을 들은 사람들은 예수님의 오심을 기쁨으로, 믿음으로, 순종으로, 인내로 준비했습니다. 이 이야기를 배우면서 대림절에 나는 누구를 통해 예수님의 탄생에 관해 들었는지, 듣고 난 후 어떻게 예수님의 탄생을 기다렸는지 서로 이야기해 봅니다. 이는 기쁜 마음으로 예수님의 탄생을 기다리며 준비하기 위한 귀중한 모멘텀이 될 것입니다.

1 온 백성이 기다렸어요

배울 말씀 이사야 7장 10~17절

새길 말씀 보라 처녀가 잉태하여 아들을 낳을 것이요 그의 이름을 임마누엘이라 하리라 (사 7:14하반절)

활동 1 찾아라 찾아라

활동 내용	지면 활동	시간	20분	인원	
준비물	어린이용 교재, 색연필				
목표	그림에 숨겨져 있는 글자를 찾으며 하나님의 약속을 알게 한다.				
사전 준비와 TIP					

활동 2 사랑이 주렁주렁

활동 내용	만들기	시간	20분	인원	
준비물	어린이용 교재, 풀, 색연필, 리본 끈				
목표	모빌을 만들며 하나님의 사랑을 깨닫게 한다.				
사전 준비와 TIP	① 교재에 있는 모빌대 대신 리본 끈을 사용해도 좋다. ② 리본 끈을 10cm씩 잘라 고리 만들 때 사용한다.				

함께 기도해요

하나님, 언제나 하나님이 주신 약속을 기억하게 해 주세요. 우리를 향한 하나님의 사랑을 알고 힘을 내서 다시 보내 주실 구원자를 기다리게 도와주세요. 언제나 우리를 사랑하시는 예수님의 이름으로 기도합니다. 아멘.

활동 1 찾아라 찾아라

오늘은 대림절 첫째 주일이에요. 우리를 위해 이 땅에 오신 구원자를 기억하고, 다시 오시겠다고 약속하신 구원자를 기다리는 기쁨의 시간이죠.

활동 방법

1. **교재에 있는 그림을 보며 이야기한다.**
   교재에 있는 그림을 보세요. 사람들이 모여서 이야기를 하고 있어요. 어떤 이야기를 하는 걸까요? 이사야가 하나님의 약속을 전해 주고 있대요.

2. **사각형을 색칠해서 숨은 글자를 찾는다.**
   그림 벽면을 자세히 보세요. 군데군데 네모 칸이 보여요. 네모 칸을 모두 찾아 색연필로 칠해 주세요. 빼먹지 말고 꼼꼼히 칠하세요. 다 했나요? 어떤 글자가 나타났나요? 선생님을 따라 한 글자씩 천천히 읽어 봐요. 구원자. 하나님은 이스라엘 사람들에게 구원자를 보내 주겠다고 약속하셨어요.

3. **두 개의 그림을 비교해 다른 부분(5개)을 찾는다.**
   다시 그림을 볼까요? 위와 아래 그림이 같은 듯 달라요. 위쪽 그림은 하나님께서 자신들과 함께하시지 않는다고 생각한 이스라엘 사람들이 두려움에 떨고 있는 모습이에요. 그러나 이사야를 통해, 함께해 주겠다는 하나님의 약속을 알게 된 사람들은 달라졌어요. 아래 그림은 하나님의 약속을 믿으며 구원자를 만나길 간절히 기다리는 모습이에요. 두 그림을 비교해 보면서 다른 부분 다섯 군데를 찾아 동그라미 쳐 보세요.

   하나님은 온 세상을 구원할 임마누엘, 구원자를 보내 주겠다고 약속하셨어요. 이번 대림절이 하나님께서 우리 모두에게 보내 주신 구원자를 기쁨으로 기다리는 시간이 되길 바라요.

4. **기도로 마무리한다.**

활동 2 사랑이 주렁주렁

대림절은 우리를 위해 이 땅에 오신 구원자를 기억하는 시간이에요. 그리고 동시에 다시 오겠다고 약속하신 구원자를 기쁨으로 기다리는 기간이죠. 우리의 구원자를 기쁨으로 만나길 소망하며 함께 모빌을 만들어요.

활동 방법

1. **약속 손가락 그림을 뜯어내 색칠한다.**
   하나님께서 이스라엘 사람들에게 구원자를 보내 주겠다고 약속하셨어요. 하나님의 약속을 기억하며 그림을 잘 뜯어내 주세요. 그리고 색연필로 멋지게 칠해 주세요.
2. **그림 안쪽에 모빌대를 붙인다.**
   약속 손가락 그림이 양면으로 보이도록 접는 선을 따라 반으로 접어 주세요. 모빌대 도안 세 개를 뜯어낸 후 약속 손가락 그림 안쪽에 하나씩 붙여 주세요. 떨어지지 않게 꾹꾹 눌러 붙이세요.
3. **하트 그림 12장을 뜯어내 모빌대에 붙인다.**
   하나님의 약속에는 우리를 향한 하나님의 사랑이 담겨 있어요. 그 사랑을 생각하며 하트 그림들을 뜯어내 주세요. 그런 다음 두 개씩 맞붙여서 여섯 개의 하트를 모빌대에 붙여 주세요.
4. **모빌에 리본 끈을 달아 완성한다.**
   모빌을 걸기 위해 리본 끈으로 고리를 만들 거예요. 선생님이 나눠 주는 리본 끈을 약속 손가락 위쪽 구멍에 넣은 후 매듭을 묶어요. 매듭 묶기가 어려운 어린이는 선생님이 도와줄게요. 우리를 향한 하나님의 사랑이 주렁주렁 달린 모빌이 완성되었어요.

   완성한 모빌을 집으로 가져가서 방에 걸어두고 볼 때마다 하나님의 사랑과 약속을 기억하길 바라요. 바로 우리 한 사람 한 사람을 위한 사랑이에요.
5. **기도로 마무리한다.**

2 마리아가 기다렸어요

배울 말씀 누가복음 1장 26~38절

새길 말씀 보라 네가 잉태하여 아들을 낳으리니 그 이름을 예수라 하라 (눅 1:31)

활동 1 천사를 만난 마리아

활동 내용	만들기	시간	20분	인원	
준비물	어린이용 교재(스티커), 생수병, 손 코팅지, 클립 3~4개, 주름 빨대 1개, 투명 테이프				
목표	마리아가 천사를 통해 하나님의 약속을 들었음을 알게 한다.				
사전 준비와 TIP	① 500ml 생수병을 준비한다. 생수병은 말랑말랑한 것이 좋다. ② 위쪽에서 5cm 공간을 남기고 생수병에 물을 채운다. ③ 빨대의 주름 부분을 U자로 접은 후 2.5cm 길이로 자른다. (총 5cm) ④ 손 코팅지를 세로 5cm, 가로 3cm로 잘라 인원수의 2배로 준비한다. 손 코팅지 대신 투명 박스테이프를 사용해도 좋다. ⑤ 클립의 무게에 따라 천사 그림이 가라앉을 수 있으니 미리 만들어 확인한다.				

활동 2 마리아의 표정

활동 내용	놀이	시간	20분	인원	
준비물	교사용 교재				
목표	하나님의 약속을 들은 마리아의 표정이 어떻게 변화되었는지 알게 한다.				
사전 준비와 TIP	① 교사용 교재의 표정 카드(8개)를 미리 뜯어 놓는다.				

함께 기도해요

하나님, 마리아가 기쁨으로 하나님의 약속을 듣고 그 말씀이 이루어질 것을 기다린 것처럼, 우리도 기쁨으로 하나님의 말씀을 기다리게 해 주세요. 구원자이신 예수님과의 만남을 기대하며 살아가게 해 주세요. 예수님의 이름으로 기도합니다. 아멘.

활동 1

천사를 만난 마리아

마리아는 요셉과 결혼을 약속하고서 결혼할 날을 기다리고 있었어요. 그런데 전혀 생각하지 못했던 일이 생겼어요. 그 이야기를 다시 한번 알아봐요.

활동 방법

1. **생수병 옆면에 스티커로 마리아의 집을 꾸민다.**
   결혼을 기다리고 있는 마리아의 집을 꾸밀 거예요. 스티커들을 생수병 옆면 아래쪽에 붙여 꾸며 주세요.
2. **천사 그림 스티커를 코팅한다.**
   결혼을 기다리고 있는 마리아에게 누군가 찾아왔어요. 누구였죠? 맞아요. 천사였어요. 손 코팅지로 천사를 코팅해 줄 거예요. 코팅지에 붙어 있는 비닐을 뗀 후 그 위에 천사 스티커를 붙여요. 그다음에 새로운 코팅지의 비닐을 떼고 스티커 위에 붙이면 돼요.
3. **코팅한 천사 그림에 클립을 끼우고 잘라 놓은 빨대를 붙인다.**
   주름 빨대를 U자로 만든 후 빨대 구멍에 클립을 끼워요. 그리고 거기에 클립 2개를 나란히 연결해요. 그런 다음 천사 머리 뒷면에 빨대의 주름이 오게 해서 투명 테이프로 붙여요.
4. **천사를 생수병에 넣는다.**
   이제 마리아의 집으로 꾸민 생수병 뚜껑을 열어요. 생수병에 물이 들어 있어요. 물을 흘리지 않게 조심하면서 천사를 안에 넣어요. 이때 클립이 아래를 향하도록 넣어야 해요. 그러고 나서 생수병 뚜껑을 꽉 잠가 주세요.
5. **성경 이야기를 하며 놀이한다.**
   마리아에게 천사가 찾아왔어요. 생수병을 세워서 잡고 두 손으로 꽉 눌러 천사가 마리아에게 갈 수 있게 해 주세요. 함께 숫자를 세 볼까요? 하나, 둘, 셋! 천사가 마리아에게 왔어요. 계속 생수병을 누른 채 있어야 해요. 마리아에게 나타난 천사는 하나님의 약속을 전했어요. 마리아는 하나님의 약속을 믿고 기다리기로 했죠. 마리아의 대답을 들은 천사는 마리아를 떠나갔어요.

   이제 생수병을 잡은 손에서 힘을 빼 주세요. 천사가 마리아를 떠나갔어요. 생수병을 눌렀다 놓았다 하면서 오늘 말씀을 마음에 새겨요. 천사를 통해 기쁜 소식을 들은 마리아처럼, 구원자 예수님과의 만남을 기대하며 예수님이 오시기를 기다리는 어린이가 되길 바라요.
6. **기도로 마무리한다.**

활동 2 마리아의 표정

우리는 표정으로 여러 감정을 표현해요. 선생님과 함께 다양한 표정을 따라 해 봐요. 그리고 오늘 말씀에 나온 마리아의 표정도 상상해 봐요.

활동 방법

1 표정 카드를 보고 이야기 나눈다.

선생님이 보여 주는 그림이 어떤 표정인지, 언제 그런 표정이 나오는지 이야기해 봐요.

- 눈이 반달 모양이네요. 어떤 표정일까요? 기쁘고 즐거운 표정이에요. 놀이동산에서 한껏 신이 났을 때 이런 표정이 나와요.
- 입 모양이 동그랗고 눈도 동그랗게 커졌네요. 어떤 표정일까요? 깜짝 놀란 표정이에요. 눈앞에 갑자기 큰 벌레가 나타났을 때 이렇게 되죠.
- 입을 크게 벌려 하품을 하고 있어요. 졸린 표정이네요. 잘 시간이 지나서 피곤할 때 표정이에요.
- 눈에 눈물이 고여 있어요. 슬픈 표정이에요. 부모님께 야단을 맞아 속이 상할 때 표정이에요.
- 뾰족뾰족한 눈으로 쳐다보고 있네요. 화가 난 표정이에요. 친구가 실수로 내가 좋아하는 장난감을 망가트렸을 때 이런 표정이 나와요.
- 눈에 반짝반짝 빛이 나네요. 오늘은 어떤 재미있는 놀이를 할지 기대할 때 표정이에요.
- 머리 위에 물음표가 있네요. 어떤 표정일까요? 무언가 궁금해하는 표정이에요.
- 이것은 어떤 표정일까요? 웃지도 않고, 울지도 않고, 화가 난 것 같지도 않아요. 이건 무표정이에요.

2 성경 이야기를 들으며 카드를 고르고, 그 표정을 고른 이유를 발표한다.

오늘 말씀에서 마리아도 다양한 표정을 지었어요. 선생님이 해 주는 이야기를 듣고, 어울리는 표정 카드를 골라 보세요. 그리고 그 표정을 고른 이유를 말해 보세요.

- 마리아는 요셉과 결혼을 약속했어요. 결혼을 앞둔 마리아는 어떤 표정이었을까요?
- 천사가 마리아를 찾아왔어요. 마리아는 갑자기 나타난 천사를 보고 어떤 표정을 지었을까요?
- 천사가 마리아에게 아주 놀라운 소식을 전했어요. 마리아는 하나님께서 약속하신 구원자가 자신을 통해 태어날 것임을 알게 되었죠. 이 사실을 안 마리아는 어떤 표정이었을까요?
- 재미있는 놀이를 한창 하고 있는데 부모님이 집에 가자고 하세요. 나는 더 놀고 싶은데요. 이럴 때 우리는 어떤 표정일까요?

하나님은 마리아를 통해 구원자 예수님을 보내 주셨어요. 마리아는 하나님의 약속을 기쁨으로 기다렸죠. 마리아의 마음과 얼굴에는 기쁨이 넘쳐났어요. 여러분도 마리아처럼 하나님의 약속을 믿으며 기쁨으로 예수님을 기다리길 바라요.

3 기도로 마무리한다.

3 요셉이 기다렸어요

배울 말씀 마태복음 1장 18~25절

새길 말씀 보라 처녀가 잉태하여 아들을 낳을 것이요 그의 이름은 임마누엘이라 하리라 하셨으니 이를 번역한즉 하나님이 우리와 함께 계시다 함이라 (마 1:23)

활동 1 마리아와 요셉이 만났어요

활동 내용	만들기	시간	20분	인원	
준비물	어린이용 교재, 양면테이프, 투명 테이프, 하드 막대 2개				
목표	하나님의 약속이 마리아와 요셉을 통해 이루어졌음을 알게 한다.				
사전 준비와 TIP	① 교재 그림에 양면테이프를 미리 붙여 놓는다.				

활동 2 폼폼이를 쏙!

활동 내용	신체 활동	시간	20분	인원	
준비물	어린이용 교재, 양면테이프, 투명 테이프, 폼폼이 1개(지름 10mm)				
목표	그림 순서를 맞히면서 성경 이야기 내용을 기억하게 한다.				
사전 준비와 TIP	① 교재 그림에 양면테이프를 미리 붙여 놓는다. ② 놀이판에 있는 구멍보다 폼폼이가 커야 한다. 반면 너무 커도 놀이판 구멍에 올려지지 않으니 10mm가 적당하다.				

함께 기도해요

하나님, 하나님의 약속이 반드시 이루어질 것을 믿고 기다리게 해 주세요. 또한 다시 오실 구원자 예수님과의 만남을 기대하며 살아갈 수 있게 함께해 주세요. 예수님의 이름으로 기도합니다. 아멘.

활동 1 마리아와 요셉이 만났어요

하나님은 마리아와 요셉을 통해 하나님의 약속을 이루어 주셨어요. 예수님을 이 땅에 보내 주시겠다는 약속이죠. 하나님의 약속을 믿고 기다린 요셉과 마리아는 마침내 구원자 예수님을 만났어요.

활동 방법

1. **마리아와 요셉 그림을 뜯어낸다.**
   결혼을 앞둔 마리아와 요셉의 모습이에요. 잘 뜯어내 주세요. 종이접기를 할 빨간색 종이도 뜯어내세요.
2. **빨간색 종이를 계단접기로 접는다.**
   여러분은 빨간색 하면 무엇이 떠오르나요? 맛있는 사과? 원숭이 엉덩이? 선생님은 하트가 생각나요. 우리가 가진 이 빨간색 종이로는 무엇을 만들 수 있을까요? 선생님을 잘 보면서 따라 접어 봐요. 안으로 접었다 바깥으로 접었다 반복해서 계단처럼 만들어요.
3. **계단접기한 종이에 마리아와 요셉 그림을 붙인다.**
   마리아와 요셉 그림을 반으로 접어요. 그리고 양면테이프 비닐을 떼어내고 계단 모양으로 접은 종이에 같은 별모양끼리 만나도록 붙여 주세요.
4. **하드 막대 2개를 붙인다.**
   계단접기한 종이에 하드 막대를 하나씩 붙여 주세요. 투명 테이프로 덧붙여 떨어지지 않게 해 주세요.
5. **함께 놀이하며 이야기한다.**
   하드 막대가 서로 마주 보도록 종이를 구부려 주세요. 마리아와 요셉이 만나면서 하트 모양이 만들어지네요. 이 하트는 우리를 향한 하나님의 사랑이에요.

   우리를 향한 하나님의 사랑은 이 땅에 보내 주신 예수님을 통해 알 수 있어요. 하나님의 약속을 믿으며 기다린 요셉과 마리아는 예수님을 만나고, 하나님의 약속이 이루어지는 것을 보았어요. 예수님을 이 땅에 보내 주신 하나님의 사랑을 기억하는 어린이가 되길 바라요.
6. **기도로 마무리한다.**

활동 2 폼폼이를 쏙!

마리아와 결혼을 앞둔 요셉은 마리아가 아기를 가졌다는 소식을 듣고 걱정이 많았어요. 하지만 천사를 통해 하나님의 약속을 알게 된 후 마리아를 집으로 데려와 돌보아 줬어요. 그래서 결국 두 부부는 아기 예수님을 품에 안을 수 있었어요.

활동 방법

1. **놀이판을 만든다.**

   오늘 말씀을 기억하며 놀이판을 만들어 봐요. 접는 선대로 위로 접어서 바구니 모양이 되게 해 주세요. 모서리 네 곳에 붙어 있는 양면테이프 비닐을 떼고 꾹꾹 눌러 잘 붙여 주세요. 떨어지지 않게 투명 테이프로 한 번 더 고정해요. 그리고 놀이판에 있는 구멍 5개도 뜯어내 주세요.

2. **폼폼이를 놀이판에 올리고 놀이판을 좌우로 흔들어 교사가 제시하는 번호 구멍에 들어가게 한다.**

   폼폼이를 놀이판 출발점에 올려놓아요. 놀이판을 양손으로 잡고 좌우로 흔들어 폼폼이를 움직일 거예요. 그러다가 선생님이 번호를 말하면 그 번호 구멍에 폼폼이를 올려요. 성공하면 놀이판을 다시 움직여 다음 이야기 구멍으로 가는 거예요. 놀이판을 너무 신나게 움직이면 폼폼이가 바깥으로 튀어 나갈 수 있어요. 조심해서 움직이세요.

   - 요셉은 마리아와 결혼을 앞두고 있었어요. 놀이판을 좌우로 움직여 폼폼이를 1번 구멍에 올려요.
   - 결혼을 약속한 마리아가 아기를 가졌다는 소식을 듣고 요셉은 잠을 이루지 못했어요. 놀이판을 좌우로 움직여 2번 구멍에 올려요.
   - 잠이 든 요셉에게 천사가 나타나 예수님이 마리아를 통해 이 땅에 오실 것이라고 전했어요. 놀이판을 좌우로 움직여 3번 구멍에 올려요.
   - 요셉은 마리아를 집으로 데려와 돌보아 줬어요. 놀이판을 좌우로 움직여 4번 구멍에 올려요.
   - 요셉은 아기 예수님을 만났어요. 놀이판을 좌우로 움직여 5번 구멍에 올려요.

   오늘 말씀 내용을 쏙쏙 기억했나요? 우리도 마리아와 요셉처럼 하나님의 약속을 믿고 기다려서 다시 오실 구원자 예수님을 만나길 소망합니다.

3. **기도로 마무리한다.**

4 시므온이 기다렸어요

배울 말씀 누가복음 2장 22~33절

새길 말씀 시므온이 아기를 안고 하나님을 찬송하여 이르되 (눅 2:28)

활동 1 시므온 인형과 찬양해요

활동 내용	만들기	시간	20분	인원	
준비물	어린이용 교재, 양면테이프, 투명 테이프, 색연필, 주름 빨대 2개(지름 3mm)				
목표	시므온이 구원자 예수님을 만난 후 기뻐하며 찬양했음을 알게 한다.				
사전 준비와 TIP	① 시므온 그림에 양면테이프를 붙여 놓는다. ② 어린이들이 좋아하는 찬양 음원을 준비한다.				

활동 2 시므온이 아기 예수님을 만났어요

활동 내용	신체 활동	시간	20분	인원	5-6명
준비물	어린이용 교재(스티커), 종이컵(1인당 2개), 투명 테이프, 부채, 매직, 색 테이프, 마스킹 테이프				
목표	시므온이 구원자 예수님을 만났음을 알게 한다.				
사전 준비와 TIP	① 마스킹 테이프로 출발선과 도착선을 표시한다. ② 도착선에 마리아와 요셉, 아기 예수님 그림(설교 PPT)을 출력하여 붙인다. ③ 종이컵 붙이는 작업을 미리 해 두고, 분반 시간에는 게임만 진행해도 좋다. 두 개의 종이컵 밑바닥을 마주 보게 해서 색 테이프로 붙이면 된다. 인원수만큼 준비한다. ④ 부채 대신 두꺼운 종이를 사용해도 된다. ⑤ 한 명씩 차례로 진행한 다음 여러 명이 동시에 활동해도 좋다.				

함께 기도해요

하나님, 우리를 위해 오신 구원자 예수님을 알게 해 주셔서 감사합니다. 예배를 통해 예수님을 만나고 기쁨으로 예수님을 찬양하는 예배자가 되게 해 주세요. 말씀을 기억하며 다시 오실 예수님과의 만남을 늘 기대하는 어린이가 되게 해 주세요. 예수님의 이름으로 기도합니다. 아멘.

활동 1 시므온 인형과 찬양해요

시므온은 하나님의 약속이 이루어지길 오랫동안 기다린 사람이에요. 그렇게 믿고 기다렸기에 그는 결국 구원자 예수님을 만날 수 있었어요.

활동 방법

1. **교재의 그림을 뜯어내 색칠한다.**

   시므온은 구원자 예수님을 만난 후 하나님을 찬양했어요. 기쁨으로 하나님을 찬양하는 시므온의 모습을 상상하며 인형으로 만들어 봐요. 먼저 교재의 그림을 조심히 뜯어내 색연필로 칠해 주세요.

2. **몸통을 만들고 빨대를 끼운다.**

   시므온이 흐뭇하게 웃고 있네요. 이제 몸통을 완성해 봐요. 먼저 양면테이프 비닐을 떼어내 양끝을 붙여 주세요. 그리고 양쪽 구멍에 빨대를 하나씩 끼워 주세요. 주름진 부분이 앞으로 나올 수 있게 끼워 주세요.

3. **손을 붙인 후 놀이한다.**

   이제 손만 붙이면 완성이에요. 손 그림을 뜯어내 투명 테이프로 양쪽 빨대에 하나씩 붙여 주세요. 그런 다음 두 개의 빨대를 양손으로 잡아 위아래로 움직여요. 시므온이 기쁨의 춤을 추네요. 시므온이 하나님을 찬양한 것처럼, 우리도 함께 기쁨으로 찬양해요. (미리 선곡한 찬양을 함께 부른다.)

   오늘 말씀을 기억하며, 예수님을 우리에게 보내 주신 하나님을 기쁨으로 찬양하는 어린이가 되길 바라요.

4. **기도로 마무리한다.**

활동 2 시므온이 아기 예수님을 만났어요

어느 날 시므온은 당장 성전에 가고 싶은 마음이 생겼어요. 그래서 얼른 달려갔죠. 성전엔 아기를 안고 있는 마리아가 있었어요. 시므온은 그 아기가 하나님이 약속해 주신 구원자임을 한눈에 알아봤어요. 시므온이 아기 예수님께 다가갈 수 있게 도와주세요.

활동 방법

1. **종이컵 두 개를 색 테이프로 연결한 후 시므온 얼굴 스티커를 붙인다.**
   종이컵 두 개의 밑바닥이 서로 마주 보게 한 뒤 색 테이프로 붙여 주세요. 종이컵이 바퀴처럼 연결되었네요. 그다음에 시므온 얼굴 스티커를 종이컵 연결 부분에 붙여요. 시므온 인형 자동차가 되었어요. 다른 사람 것과 바뀌지 않게 종이컵 바깥쪽에 자기 이름을 쓰세요. 글자를 쓰기 어려운 어린이는 선생님이 도와줄게요.

2. **부채질을 해서 먼저 도착선까지 가는 사람이 이긴다.**
   완성한 시므온 인형을 출발점에 놓아요. 그런 다음 부채질을 해서 도착선까지 가게 하는 거예요. 종이컵이 바퀴 역할을 해서 쉽게 움직이게 해 줄 거예요. 도착 지점에는 요셉과 마리아와 아기 예수님이 계세요. 한 명씩 나와서 시므온이 아기 예수님을 만날 수 있게 도와주세요.

   마침내 시므온과 아기 예수님이 만났어요. 시므온이 구원자 예수님을 만난 것처럼, 우리도 예배를 통해 예수님을 만날 수 있어요. 믿고 기다리는 우리 모두를 예수님이 꼭 만나 주실 거예요.

3. **기도로 마무리한다.**

붙이는 곳
양면테이프 붙이는 곳
붙이는 곳

마요네즈
참치

출발

붙
이
는
곳

붙이는 곳

붙이는 곳

붙이는 곳

붙이는 곳

붙이는 곳

붙이는 곳

붙이는 곳

붙이는 곳

붙이는 곳

붙이는 곳

풀 칠
풀 칠
풀칠
풀칠
풀 칠
풀 칠
풀 칠

찬
양
하
라

찬

양

하

라

눈에 눈물이 고여 있어요. 슬픈 표정이에요. 부모님께 야단을 맞아 속이 상할 때 표정이에요.

입을 크게 벌려 하품을 하고 있어요. 졸린 표정이네요. 늦은 저녁 잘 시간이 지나서 피곤할 때 표정이에요.

입 모양이 동그랗고 눈도 동그랗게 커졌네요. 어떤 표정일까요? 깜짝 놀란 표정이에요. 눈앞에 갑자기 큰 벌레가 나타났을 때 이렇게 되죠.

눈이 반달 모양이네요. 어떤 표정일까요? 기쁘고 즐거운 표정이에요. 놀이동산에서 한껏 신이 났을 때 이런 표정이 나와요.

이것은 어떤 표정일까요? 웃지도 않고, 울지도 않고, 화가 난 것 같지도 않아요. 이건 무표정이에요.

머리 위에 물음표가 있네요. 어떤 표정일까요? 무언가 궁금해하는 표정이에요.

눈에 반짝반짝 빛이 나네요. 무언가 기대하는 표정이에요. 오늘은 어떤 재미있는 놀이를 할지 기대하는 것 같죠?

뾰족뾰족한 눈으로 쳐다보고 있네요. 화가 난 표정이에요. 친구가 실수로 내가 좋아하는 장난감을 망가트렸을 때 이런 표정이 나와요.